바보 그 여자

이 도서의 국립중앙도서관 출판예정도서목록(CIP)은 서지정보유통지원시스템 홈페이지 (http://seoji.nl.go.kr)와 국가자료종합목록 구축시스템(http://kolis-net.nl.go.kr)에서 이용하실 수 있습니다. (CIP제어번호 : CIP2020027675)

바보 그 여자

ⓒ 고윤자, 2020

초판 1쇄 발행 2020년 7월 30일

지은이 고윤자
펴낸이 이은재
편 집 권정근
디자인 이태호

펴낸곳 도서출판 그루
출판등록 1983. 3. 26(제1-61호)
주소 42452 대구광역시 남구 큰골 3길 30
　　　　06121 서울특별시 강남구 봉은사로 129, 1210호
전화 053-253-7872, 02-358-1161
팩스 053-257-7884
전자우편 guroo@guroo.co.kr

ISBN 978-89-8069-423-5
* 이 책은 저작권법에 의해 보호받는 저작물이므로 무단 전재와 무단 복제를 금하며 이 책 내용의 전부 또는 일부를 이용하시려면 반드시 저작권자와 도서출판 그루에 서면 동의를 받아야 합니다.
* 잘못된 책은 구입하신 곳에서 바꿔 드립니다.
* 책값은 뒤표지에 있습니다.

그루수필선 062

바보 그 여자

고윤자 지음

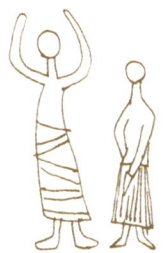

그루

책 머리에

　이별은 누구에게나 다가온다. 뜨겁게 주고받았던 사랑일수록 그 이별은 더욱 아프다. 수필은 나에게 새로운 삶을 열어 주었고 다시 태어나게 해 주었다. 그와의 동행으로 외로움을 멀리 보낼 수 있었고 그의 존재로 사랑을 알게 되었다. 창작의 고통 속에서 나를 두들겨 깨워, 지나온 삶에서는 전혀 맛보지 못한 환희를 느끼게 해 주었다. 우리는 서로 변함없는 사랑을 얘기했고, 입을 모아 영원한 사랑을 노래했다.

　수필은 하늘이 베풀어 준 최고의 선물이었다.
　누구보다 나의 아픔을 알아주고 살 만한 가치가 있는 사람이라고 치켜세우며 응원해 주었다. 항상 나와 대화하기를 머뭇거리지 않았고 나의 모자란 점을 더 많이 사랑해 주었다. 아무런 대가없이 조용히 다가와 내 외로움을 달래 주었다. 그는 나의 사랑을 이끌어 낼, 필요하고 충분한 모든 조건을 갖추고 있었다. 내가 경험하지 못한 새로운 세계를 펼쳐 주고 나를 그곳으로 안내해 산고産苦의 기쁨을 안겨 주었다. 글을 쓰게 되었고 자식처럼 소중한 몇 개의 작품을 나에게 남겨 주었다.

그와의 사랑의 결실인 내 아이들(작품들)을 오늘 나는 떠나보낸다. 사랑하는 일을 그만두는 것은 나에겐 몹시 아픈 일이지만, 또한 나 자신을 해방시키는 일이기도 하다. 혹시나 그의 사랑을 잃을까 나의 온 신경을 집중하였고 그의 관심을 놓치지 않기 위해 전전긍긍하였다. 늘 내 모습이 그의 희망을 따라잡지 못하고 그를 힘들게 하는 게 아닌가 싶어, 죽을힘을 다해 달려온 것 같다.

"저희 2중대는 4주차 첫째 날 월요일에 화생방 훈련을 받았습니다. 훈련의 꽃이라고들 하지요. 얼굴에 고춧가루를 부은 것 같으면서 피부가 타들어 가는 것 같았고, 눈물, 콧물, 가래가 펑펑 쏟아졌습니다.

'정말 죽음이 가까이 있구나.'하고 느꼈지만 뜻있는 경험이었습니다."

오래전 군대에 입대한 아들에게서 받았던 편지의 한 구절이 생각난다.

정작 그(수필)와 동행했던 하루하루는 나에겐 또 다른 의미의 화생방실이었다. 그의 사랑을 놓치고 싶지 않았기에, 그로부터 밀쳐지는 환상에서 결코 자유로울 수가 없었다. 팽팽하게 신경이 곤두서고 마음 한번 편할 날이 없었다. 작가의 감성이 침체되고 두뇌의 생리적 둔화, 참신하게 와 닿는 사고思考의 고갈로, 점점 그(수필)와의 연애가 벅차게 느껴졌다. 얼마 안 남은 앞으로의 생, 작가는 좀 헐렁하게 살고 싶어졌다.

    그와의 사랑의 결실인 내 아이들(작품들)은, 남들에게 떳떳이 내놓을 만큼 예쁘지도, 크게 성장하지도 못했다. 아이를 위탁할 독자들의 기대에 부응하지 못해 몹시 두렵다. 인큐베이터를 간신히 벗어나 아직 보듬어 줄 누군가의 손길이 필요한 미숙아이다. 더 다듬고 담금질해서 내어보낼 미성년자인데, 그래도 밀어내듯 내보낸다. 더 큰 사랑을 받고 더 큰 인물이 되어, 보란 듯이 나에게 되돌아오는 꿈을 꾸며, 억지로 등을 밀어 쫓아낸다.

2020년 여름
고윤자

차례

책 머리에 4

1
잘 가게, 김 서방
⋮

의미 없는 짓 13

존재의 확인 18

외짝 양말 24

신이 하는 일 29

섬진강 참게 34

완행열차 39

두 바보 45

폭포 소리 50

고향 버리기 56

잘 가게, 김 서방 61

영혼과의 만남 67

2
바보 그 여자
⋮

환송 75

개똥벌레 79

위대한 유산 85

바보 그 여자 91

좋은 시절을 위하여 97

민달팽이의 꿈 102

바이올린과의 사랑 108

그리워서 부르는 노래 115

노을이 지던 날 121

순환버스 3 125

생선 한 마리 131

3
장승이 움직인다
⋮

동행 139
장승이 움직인다 144
잘못했습니다 149
절대적인 사랑 152
풀각시 157
그냥 떠 있네 163
기도의 응답 169
껌 같은 인생 174
침 한 방의 위력 179
손이 못나서 185
산을 내려오다 190

4
다 가져가셨습니다
⋮

계란찜 199
구토 205
가난한 자존심 211
다 가져가셨습니다 217
낚시 223
예방주사 228
황혼의 반란 233
땅따먹기 240
사랑방 사람들 245
대화서각의 쉬파리 252
긴 여행, 짧은 착각 258

1
잘 가게, 김 서방

김 서방은 삶을 뛰어넘은 선구자일까,
힘들고 고달픈 삶에 항복해 버린 패배자일까.
영겁을 알지 못하는 우리들의 머리로는
도저히 이해할 수 없는 창조주의 놀음이다.

의미 없는 짓

'일주일에 한번은 찾아가야 한다.' 오랜 요양원 생활로 바싹 야윈 몸으로 누워 있는 엄마의 모습이 떠오를 때마다 맘속으로 되뇌는 소리다. 나를 볼 때마다 엄마는 눈으로 보다는 입으로 우신다. 소리도 내지 못하고 우는 심정은 그 상황을 경험하지 않고는 아무도 그 깊이를 모를 것이다. 그나마 그 잠깐의 감정마저 오래 가지고 있지 못하고 곧 사라져 버린다.

"네가 나의 고통을 알 수 있겠니?"

눈으로 얘기하는 엄마의 표정은 자신에 대한 포기가 너무 빠르다는 느낌으로 다가온다. 희로애락이 엄마의 얼굴에 잠시 얼비치지만, 머무르지 못한 채 곧 지워지고 만다. 아무도 자신의 속

마음을 알아줄 수 없기에 모든 감정을 체념해 버린 듯하다. 그것은 침상에 붙박인 엄마 옆에서 자식이며 간병인들이 같이 낄낄거리기도 하고, 누워 있는 당신 밖의 세상이 아무 일 없이 잘 돌아가기 때문이기도 하리라.

엄마는 십자가로 된 목걸이를 갖고 싶어했다.

"어느 노인이 걸고 있던 금목걸이는 시집간 딸이 해 줬다고 하더라." 지나가는 말처럼 나에게 한마디씩 던지셨다.

그럴 때마다 나는 "노인네가 쭈글쭈글한 목에 목걸이는 무슨 목걸이야." 매번 경멸하듯 무시해 버렸었다.

바로 어제 차가운 요양원에 누워 있는 엄마의 삐쩍 마른 목에 십자가가 달린 목걸이를 걸어 드렸다. 그러면서 십자가가 두 개나 달린 금목걸이라고 몇 번이나 큰소리로 강조했다. 그래도 엄마는 아무 표정이 없다. 다만 아픈 몸을 건드리면 만사 귀찮다는 듯 고개를 이리저리 저어 보였다. 우리들만의 잔치이지 엄마에겐 아무 의미 없는 짓이었다.

오늘도 발가락 두 군데에 생채기가 나 있었다. 간병인이 바퀴에 발가락이 끼인 것도 모른 채 휠체어를 끌었던 것 같다. 목욕하고 난 다음날은 손목이 부어 있었고 어떤 날은 입술 부위가 벌

겋게 부어 있었다. 목욕시킬 때 힘들면 짐 부리듯 그냥 집어던지기도 하고, 심지어는 불평하면 입을 틀어막고 때리기도 한다고 했다. 몇 번의 항의 끝에 엄마는 간병인의 눈치만 보는 순한 아기가 되어 버렸다. 애틋하고 안타까운 감정에 울컥하지만 내가 모시지 못하니 대놓고 항의도 할 수 없는 노릇이다.

잠깐 엄마의 얼굴에서 나에 대한 기대가 엿보였다가 사라진다. 나도 슬픈 감정을 금세 머릿속에서 내보낸다. 죽음의 나락으로 향하고 있는 약한 자에 대한 연민보다는 불편한 감정을 빨리 털어버리고 편안한 나의 일상으로 돌아가고 싶은 마음이 앞선다. 다른 형제도 있는데 나만 괴로워할 필요가 뭐 있는가. 내가 걱정한다고 상황이 나아지는 것도 아닌데……. 노인으로서 감당해야 할 몫이라고 치부하고 잊어버리자. 엄마의 괴로운 현실은 모두 외면해 버리고 싶다.

언제부터인가 사랑이라기보다는 등에 없혀 있는 무거운 짐이 되어 버렸다는 것이 엄마에 대한 나의 솔직한 느낌이다. 그리고 이렇게 밖에 할 수 없는 나의 생각의 정당성을 꾸준히 찾는다. 엄마와는 대화도 불가능하다. 특별히 부모로부터 물질적 혜택을 받은 기억도 별로 없다. 내 고충을 들어줄 친구로서의 엄마의 역할은 벌써 이십여 년 전에 마감해 버렸다. 자주 찾아봐야 한다는 생각을 할 때마다, 숙명적으로 끌려 들어가는 음울한 나락 속으로 나도 같이 휩쓸려 들어갈 것만 같아 두렵다.

오래된 것들은 쇠퇴할 수밖에 없다. 그리고 쇠퇴해진 것들은 쓸모만 생각하는 인간에게서 버려지게 마련이다.

함께 놀아 주면 같이 놀고 가만 놔두면 혼자서도 불평 없이 잘 지내는 귀공자라 불리던 점잖은 우리 강아지 퍼그가 생각난다. 늙어지도록 나의 친구가 되어 주었던 퍼그, 녀석이 어느 날 암에 걸려 아파하고 괴로워하는 것을 보다 못한 우리 식구는 그에게 물어보지도 않고 안락사를 시켜 버렸다. 마치 헌 가전제품을 갈아치우듯, 퍼그의 생명은 순전히 타인의 뜻대로 행사되었던 것 같다. 엄마에게 지금 그 타인은 우리들 손이 닿지 않는 저 먼 곳에 존재하는 신神이라는 생각이 든다.

엄마가 우리 집에 와 계신 동안, 매번 엄마를 혼자 집에 놔두고도 아무런 죄책감이 없었다. 노인은 심심한 감정도 없어야 하는 존재로 정의해 버렸다. 내가 밥을 드리고 옷을 사 입히고 하는 일이 모두 나의 대단한 희생인 것 같았다. 밤이면 퇴행성 관절염으로 무릎이 쑤신다고 해도 노인은 으레 아파야 되는 걸로 알고 대수롭지 않게 여겼다. 만져 주고 주물러 주고 뜨거운 수건으로 찜질해 드릴 줄은 왜 몰랐을까.

  누구의 관심도 받지 못한 채 오랫동안 갖고 놀던 장난감처럼 버려져, 엄마는 차디찬 요양원에 홀로 누워 있다. 엄마는 정말 이럴 수 있느냐고 누구에게 불평도 해 보고, 힘들다고 하소연도 할 수 없어야 되는 것일까. 인생이 그렇고, 황혼이 그렇고, 누구나 그러한 과정을 거치기 때문에 정상 참작이 먹히지 않는, 냉정한 신의 처사를 감수하는 과정만 남아 있는 것일까.

  닭 장수에게 목이 비틀린 채 죽어 가는 폐계(廢鷄)처럼, 꼬끼오 울음소리 한번도 내지르지 못하고 스스로 생을 마감해 가고 계시는 것 같은 엄마를 본다. 그런 엄마에게 나는 십자가 목걸이를 걸어 드렸다. 그리고 십자가가 두 개나 달린 목걸이라고 큰소리로 떠들어 댔다.

존재의 확인

몸짓도 요란하다. 향기를 잃어버린 것일수록 색깔은 더욱 곱고 현란한 법, 그것들의 존재 이유였던 빛나는 과거는 사라지고 도태되지 않으려는 의지만 남는다. 기억 속에서는 화려하게 빛나는 과거가 유지되고 있다. 마치 탈바꿈이 끝난 곤충처럼 투명하고, 허물 같은 껍데기만 남는다. 빈 몸으로 남겨진 자들은 옛날과 다름없음을 강조하기 급급하다. 가엾게도 내용이 사라진 사실을 인정하지 않으려는 늙은 사람들의 고의성 짙은 과장은 다른 사람들의 눈을 돌려 버리게 만들지도 모른다.

아침마다 그곳에서 만나게 되는 한 노인이 있다. 여러 개의 계급장과 완장을 늘어뜨리고 격렬한 몸짓으로 교통정리를 하는 분이다. 너무 이르기도 하고 누구 할 것 없이 바쁜 아침이어서, 아무도 그를 거들떠보지 않는다. 모두들 달리느라 촌각이라도 주위에 시선을 빼앗길 여유가 없다. 딱히 교통정리가 필요하지 않은 한가한 우회전 코스이기도 하지만, 그의 특별한 옷도 수염도 다른 사람들의 시선을 당겨 오지 못하는 것 같다. 허지만 노인의 이마엔 땀방울이 맺혀 있고 추수하는 농부처럼 흐뭇한 미소가 흐른다.

아무도 그에게 그 일을 해 달라고 청하거나 맡긴 적이 없다. 물론 그 일에 대한 대가는 생각조차 하지 않았을 것이다. 누구도 자기에게 관심을 가져 주지 않는 세상을 향해, 자기가 여기에 존재하고 있으니, 제발 관심을 가져 달라고 웅변하고 있는지도 모른다. 많은 계급장과 완장이 그 사실을 역력히 말해 주고 있다. 무언가 사회의 일원으로서 역할을 하려고 안간힘을 쓰고 있다. 울컥 내 몸이 뜨거워짐을 느낀다. 그 느낌이 강한 전류처럼 몸속을 관통한다. 같은 병을 앓고 있는 환자여서일까. 너무나 쉽게 그의 소리 없는 외침이 내게로 전해져 온다.

황혼과 마주보는 노인들의 실존은 전혀 의미가 없는 것일까.

오랜 경험을 바탕으로 한 그들의 지식은, 젊은 사람들에게 참을성과 인내심만을 요구한다. 단편적인 순발력과 경박한 지식만을 추구하는 젊은이들은, 기성세대의 충고에는 귀를 막아 버린다. 이런 현실은 그들에게 어떤 것에 의해서도 의미가 부여되지 아니하고 오직 존재할 뿐이라는 생각에 늘 사로잡혀 있게 만든다. 어떤 사물이나 존재에 대해서도 의지할 수 없게 된 그들은 무리 속에서도, 또 홀로 개인으로서도 정말 괴로운 현존 상태일 수밖에 없다.

막다른 골목에선, 이미 존재하는 모든 가치를 믿을 수 없어 절대자나 신 앞에서만 서성인다. 고독과 절망의 검은 손아귀에서 벗어나 존재의 의미를 가져 보려고 발버둥을 친다. 밀려나고 소외시키려는 사회를 향하여 자기가 설 수 있는 작은 공간을 인정해 달라고 절규한다.

인간은 동물 중에서 영장류에 속한다. 고등 영장류의 두뇌는 감각 기관에서 정보를 받아 분석하고 종합하는 기능을 한다. 다른 포유류와 구별짓는 해부학적 특징은 몸의 구조가 특수화되어 있지 않다는 점이다. 즉 어려운 환경에서도 얼마든지 살아 나갈 힘이 있음이다. 그러기 위해서는 변화를 두려워하지 않고 몸 전체로 변화를 받아들여야 한다. 만일 사람의 탄생을 시작으로 보고 죽음을 끝으로 본다면, 인생의 종점에 거의 다다른 노년들을 과연 영장류라고 말할 수 있을까. 똑바로 서기조차 힘들고 젊은 사람들 보호 없이는 삶 그자체가 불가능하고, 그들의 두뇌는 분석하고 종합하기보다는 단순하고 의존적이고 파괴적이다.

노인들은 가끔 자기들의 존재를 부정해 본다. 그냥 가만히 있지 않고 움직인다고 살아 있는 것인가. 구더기나 다리가 없는 유충 같은 것도 항상 무엇을 향해 나아가고 무엇에 의해 차고 뜨겁고 힘들다는 것쯤은 아는 것 같다. 먹이사슬에서 수직적 우위를 차지하고 있는 영장류이지만, 늙은 사람들은 더 낮은 종으로 구분짓는 느낌이다. 높은 종으로 구분되는 젊은 사람들의 스피드 때문에, 영역 밖으로 한 발 한 발 밀려나와, 이젠 어쩔 수 없이 나락에 버려지는 느낌이다. 그럼에도 불구하고 그들의 맥박은 아직도 뛰고 있다. 중심 속으로 뛰어들어 다시 한 번 구심력을 느껴 보고 싶어한다.

잭 니콜슨이 주연으로 나오는 '어바웃 슈미트'라는 영화가 있다. 영화 속 주인공은 평생을 몸담았던 보험회사에서 정년이라는 미명으로 쫓겨난다. 다시 말하자면 인생의 사형선고인 셈이다. 인간의 본성은 어디든 소속되고 싶어하는 존재이다. 또 외부 세계에 미치는 영향을 통해 자아를 체험하는 존재이기도 하다. 회사를 그만둔다는 것은 이런 사회적 증명서가 사라져 버리는 것이다. 늙고 쪼그라진 자신이지만 누구에게 사랑받고 싶어하는 욕구는 더욱 간절해진다. 슈미트는 젊은날을 찬찬히 되돌아본다. 거칠게 휘몰아친 젊음 속에서 자신이 미처 돌보지 못한 것들을 되찾음으로써 결핍된 삶에서 탈출하고자 한다. 매일 77센트를 후원했던 탄자니아 소년 '엔두구'의 편지 속에서, 슈미트는 아직 세상에 존재할 의미를 찾는다. 그러면서 자기가 아직도 누군가에게 영향을 주고 있음을 깨닫는다.

목덜미에 늘어진 살, 눈 주위에 깊이 패이는 주름은 때로는 자기의 명예로웠던 과거조차 가져가 버리는 것 같다. 빼앗긴 아름다움과 잃어버린 청춘을 슬퍼하는 것도 자기요, 그것을 딛고 일어서는 것도 자기자신일 수밖에 없다. 자신의 고독이나 슬픔에서 눈을 돌려 타인을 인식하므로써, 비로소 자기 자신도 인정할 수 있게 된다는 이치, 이는 눈먼 실패를 몇 번씩 거듭하면서 터득하게 되는 명예로운 훈장이다. 나와 내 식구에게서만 맴돌던 시야를 넓혀 나의 손을 기다리는 사람들을 위해 뜨거운 눈물을 터뜨리게 될 때, 진정한 자기의 존재 가치를 발견하게 된다. 그것만이 탄광의 막장 같은 칙칙한 인생의 겨울을, 우리로 하여금 또 다른 봄으로 이어지고 있다고 착각할 수 있게 만든다. 희미하게나마.

그를 필요로 하든, 그렇지 아니하든, 끝내 혼신의 힘을 다해 교통정리를 하던 노인의 격렬한 몸짓이 떠오른다. 그의 즐거운 마음결도 얼비친다. 이제는 단 하나의 존재가치가 된 탄자니아 소년에게 열심히 편지를 쓰던 슈미트가 생각난다. 곁눈질하듯, 보잘것없는 작은 도움을 줌으로써 그의 새로운 인생이 힘을 얻는다. 말년을 살아갈 기력이 샘솟는다.

지금 내 손에는 '한국 희망 장애인협회'에서 보내온 감사장이 들려 있다. 바쁜 생활 속에서 그저 아무 생각 없이 습관적으로 던져 왔던, 무의식적인 선행이었다. 이 감사장이 나에게도 삶에 대한 새로운 욕구를 일으키는 촉매제가 되어 나를 변화시킬 수 있을까. 교통정리하던 노인의 수북한 수염 속에 알 듯 말 듯 숨겨져 있던 미소가 피어나길 바란다. 가장 외로운 순간에 말동무가 되어 준 탄자니아 고아 소년 '엔두구'의 편지처럼, 황혼을 환하게 물들일 동력이 되어 주길 소망한다.

외짝 양말

늦은 시간 집으로 돌아가는 길이다.

어둠이 짙게 드리운 아스팔트 길을 걷는다. 매일 하는 일이지만 고개를 젖혀 하늘을 본다. 나무 사이로 바라보이는 하늘엔 아무것도 걸려 있지 않다. 이제 겨우 동그라미를 그려 가는 희뿌연 구름만 남아 밤하늘을 지키고 있다. 오늘은 하늘조차 지쳐 보인다.

엘리베이터 앞에서 잠시 걸음을 멈춘다. 느릿느릿 승강기의 둔한 몸체가 몇 번을 오르내린다. 축 늘어진 노인의 눈꺼풀처럼 껌벅껌벅 열렸다 닫히기를 반복한다. 종착역에 다다른 어느 노동자의 피곤한 몸이 던져지듯 실려간다. 불 꺼진 현관문을 더듬

더듬 들어선다. 지친 그림자가 어둠으로 잘려 나간다. 식탁 위에는 반찬 그릇들이 치워지지 않은 채 아무렇게나 널브러져 있다. 한쪽 양말은 방에 던져 있고 다른 쪽 양말은 마루 끝에서 뒹굴고 있다. 수건을 머리에 뒤집어쓰고 슬리퍼를 끌며 목욕탕으로 들어가는 모습이 어느 영화의 마지막 장면 같다. 같은 순서, 같은 모양으로 매일 되풀이되는 일상이다.

"무지무지 자유롭고 무지무지 외로운 나날이다."

혼자 삶의 정의를 내려 본다.

"다녀왔습니다."

"늦었네."

갈수록 혼잣말이 늘어난다. 주위에서 듣는 사람은 아무도 없다.

혼자 산다는 것이 그리 화려할 수 없다는 것쯤은 누구나 머리에 그려질 것이다. 늦은 시간 자다가 눈이 떠지면 찾아오는 서늘한 공허감, 집으로 들어서면 볼에 와닿는 불 꺼진 방의 적막감, 마주앉은 사람 없이 늘 혼자 맞이하는 식탁, 느닷없는 배앓이로 아픈 배를 자기 손으로 쓸어내려야만 하는 원초적 설움, 내 이름 외의 긴 여백만 보이는 주민등록등본.

건강, 효, 늙음, 자식, 텅 빈 아파트 등의 요소를 이리저리 아무리 좋게 배치하려 해도 그 그림의 구도는 측은하다. 우아하지도 않을 뿐더러 아름다움과는 더더욱 거리가 멀어진다.

"혼자 사는 것 장난이 아니지요."

"늑대 가죽 목도리 하나 장만하시지요."

나보다 없는 자를 즐기는 듯한 가벼운 충고들, 다른 사람들이 편하게 던진 편치 않은 위로들. 잠시 만나서 나눈 대화가 공중을 떠돌다 내 머리에 와 둥지를 튼다.

길쭉한 식탁 앞에 혼자 앉아 본다. 식탁 끝에는 낮은 촛대와 작은 꽃병도 있다. 우수에 찬 모습으로 와인 한 잔을 기울인다. 사람들은 자리를 떠났지만 같이 얘기하던 언어들과 웃음은 아직도 식탁 주위를 맴돈다.

나는 괜찮다. 스스로 마음을 다잡는다.

보통 사람의 일상에서는 찾기 어려운 여유로운 모습을 연출할 수도 있고 본인을 위하여 남보다 더 많은 시간의 투자도 가능하다. 끼어들고 방해 받을 일이 없어 홀가분하다. 주변을 맴돌지 않고 인생의 참모습에 쉽게 다가갈 수도 있다. 혼자 사는 사람이 아니면 이런 감정의 사치는 생각할 수도 없는 일이다.

인간이기에 가지고 가야 하는 근원적인 문제는 누구에게나 있다. 그런데도 혼자 사는 사람은 누구의 도움도 없이 가야 하는 것이 자기만의 고통으로 느껴진다. 이것이 그들의 약점이라고 생각된다. 크기는 다르지만 누구에게나 인생의 무게는 지워지기 마련이다.

두려운 것은 둘이서 공유할 수 없는 절대 고독을 둘이서 공유하고 싶어지는 유혹이다. 어깨 위의 짐을 그만 누구에게 벗어 줄 수 있을 거라고 끊임없이 꿈을 꾸는 것이다. 어떤 때는 누가 옆에서 가만히 바라만 보아도 위로가 될 것 같은 생각이 든다. 둘러쳐진 적막감이 아픈 곳을 틀어쥐고 꼼짝 못하도록 죄여 오기 때문이다.

건조대 위의 빨래를 걷다 보니 한 짝뿐인 양말이 눈을 끈다. 며칠 전 돌아다니던 외짝 양말을 떠올리며 대수롭지 않게 생각했었다. 서랍 안, 어디에 있으려니 하고 몇 번이나 열어 발칵 뒤져 보았다. 없다.

그러고 보니 전번에도 겨우 짝을 찾아 준 바로 그 양말이다. 이놈의 양말은 아직 덜 외롭거나 삶에 대한 태도가 덜 진지한 것 같다. 기어이 찾아내어 고약한 버릇을 고쳐 놓고야 말리라.

침대와 책상 밑, 응접세트 아래까지 샅샅이 뒤져 보았지만 찾을 수가 없다. 도대체 다른 한 짝은 어디로 갔단 말인가. 빨래통에는 신었던 양말이 몇 켤레가 더 있었다. 모두 짝이 맞는 양말들 뿐이다.

 이 양말은 외짝으로 남아야 할 운명이다.

신이 하는 일

한 나그네가 여행길에 올랐다. 그는 당나귀 한 마리와 수탉 한 마리 그리고 램프를 갖고 길을 떠났다. 날이 어두워지자 나그네는 마을 여관에 묵지 않고 숲속에서 잠을 청하기로 했다. 마침 세찬 바람이 불어와 램프의 불이 꺼지고 말았다. 나그네는 할 수 없이 잠자리에 들어야겠다고 생각하며 이렇게 중얼거렸다.

"신이 하는 일은 다 이유가 있을 거야."

하지만 그가 잠든 동안 야생동물들이 다가와 수탉을 쫓아 버렸고 도둑이 그의 당나귀를 훔쳐 갔다. 잠에서 깨어나 수탉과 당나귀가 없어진 것을 확인한 나그네는 다시 한번 말했다.

"신이 하는 모든 일은 다 이유가 있을 거야."

신은 얼마나 재미없고 지루할까. 먹고 입을 걱정도 없이 영원히 안락하기만 한 것이 신의 삶인 것 같아서이다. 인간의 눈으로는 바라볼 수 없는 높은 권좌에 앉아 개미처럼 꼬물거리는 인간세계를 내려다보고 있을 게다. 나는 지금껏 신은 눈 아래 펼쳐진 인간세계를 그저 구경이나 하고 있을 것이라고 여겼다.

어렸을 적에 나를 몹시 괴롭히던 아이가 있었다. 연필이며 지우개며 필통은 물론이고 내가 아끼는 것들은 무엇이든 다 빼앗아 갔다. 용돈을 제 것처럼 가져가는 일은 말할 것도 없고, 심지어 우리 엄마 아버지를 내 입으로 욕하겠끔 시키던 아이였다. 나의 유년 시절은 그 아이로 인하여 풀려날 수 없는 식민 지배 하의 백성처럼 고통스러웠다. 하지만 신의 뜻이었을까, 그 아이는 얼마 안 가 제풀에 농약을 마시고 죽어 버렸다. 나이보다 조숙했던 아이였는데 실연을 당해서라고 했다.

또 다른 경험이다. 나를 이유 없이 무시하려고 했던 젊은 여자가 있었다. 스포츠 센터에서 알게 된 여자인데, 모른 척 참아 넘기기가 그리 쉬운 일이 아니었다. 그리 오래되지 않아 그 여자가 눈에 띄지 않았다. 다리와 몸에 번지던 피부병 때문에 본부에서 다시는 나오지 못하게 조치를 취했다는 것이다.

신은 절대로 잠을 자거나 그냥 지나치지 않았다. 신은 과거에도, 현재에도 그의 부재를 향해 처절히 부르는 자의 곁에 있었다. 그의 존재는 이미 내 곁에도 예외는 아니었다. 늘 깊은 시선으로 나의 심연을 응시하고 있었다. 나를 괴롭히려는 시도가 일제히 징계를 당하는 것을 보고 나는 승리의 개가를 불렀지만 신은 내 곁에 그리 오래 머물지 않았다. 조용히 나에게서 고개를 돌렸다. 내가 간 길을 내가 책임지지 않으면 그 누구도 책임질 수 없다는 것을 가르치고 싶었던 것일까.

이비인후과를 거쳐 보청기 회사를 찾았다. 내가 노화로 보청기를 끼어야만 된다니, 인정하고 싶지 않은 현실이다. 막다른 골목에서 또 다른 길이 없어 절망하는 나를 발견한다.

비로소 엄마가 생각났다. 엄마는 보청기 없이는 아무 소리도 듣지 못하는 귀머거리 노인이다. 나는 여태까지 듣지 못해서 힘들었을 엄마의 불편을 생각해 본 적이 없다. 사소한 얘기까지 큰 소리로 말하고, 두세 번씩 되풀이해야만 하는 나의 불편만을 엄마에게 투덜거렸다. TV의 볼륨을 최대한 높이려는 엄마를 심지어는 자신밖에 모르는 이기주의자로 몰아세우기도 여러 번. 엄마는 늘 그런 나 때문에 그림만 보는 TV 시청을 해야만 했다.

신은 나에게 보청기를 끼워서 엄마의 완전한 정적을 보여 주었다. 붉음보다도 더 붉고, 아픔보다도 더 아픈 소리의 부재를 알게 해 주었다.

 나는 새로운 경지를 알게 되는 일을 몹시 꺼리고 두려워했다. 연골이 닳아서 더 이상 쓸 수 없다는 정형외과 의사의 말은 전혀 담보할 수 없는 깜깜하고 불안한 미래이다. 여태껏 별다른 의식 없이 나의 노후는 평탄할 것이라고 생각해 왔다.

 허리가 땅에 닿을 듯한 초라한 노인을 볼 때마다, 지팡이 없이는 걷지도 못하는 삶을 왜 연명하고 있는가를 묻고 싶었다. 비실비실 자기 몸조차도 제대로 감당하지 못하는 노인들의 비참한 삶을 이해하려 하기보다는 무시하는 쪽이었다. 사그라드는 놀빛 같은 짧은 젊음을 그들 앞에서 자랑스러워하기도 했다.

 허리 굽은 노인은 나에게 아무런 말도 하지 않았다. 내가 보낸 멸시와 비웃음을 저항 없이 순순히 받아들였다. 그저 조용히 자신의 앞자리를 내어주고 그림자처럼 내 뒷자리에 서 주었다.

 신의 몫은 나를 걷지 못하게 하는 일이었다. 이런 고통의 시간에 이어 나를 눕혀서, 힘없는 자의 무기력함을 깨닫게 해 주었다. 신은 놀고 있는 것 같았는데 내가 과거에 했던 일과 현재 하고 있는 일을 다시 한 번 펼쳐 보여 준다.

지금껏 신은 늘 내 편에 서서 적으로부터 나를 보호하고 나의 억울한 점을 풀어 주는 해결사였다. 그런 신이 이제는 나를 곤궁에 빠뜨리고 공격하는 것도 서슴지 않았다. 이번에는 적의 편에 서서 나를 변화시키려고 한다.

따져 보니 신은 그냥 놀고 있는 것이 아니라 조용히 움직이고 있었다. 신이 나의 반대편에 서게 하는 것과 내 편에 서게 하는 것은 다름 아닌 바로 나 자신이었다. 신은 빠른 걸음으로 모든 생명과 접촉해서 눈에 보이지 않는 세상을 정의롭게 하고 있었다.

섬진강 참게

어느새 늦가을이다. 섬진강에선 연어와 참게가 만난다. 연어는 북태평양에서 돌아와 강물을 거슬러 오르고, 참게는 계곡에서 기어나와 바다 쪽으로 내려가는 길이다. 서로 방향은 다르지만 이동하는 목적은 똑같다. 알을 낳기 위해서이다.

산란을 위하여 자기가 태어났던 하천으로 돌아오는 연어는 포식자에게 잡아먹히거나 길을 잃고서 생을 마감한다. 바다 쪽으로 회유를 마친 참게는 부화 후에 대부분 폐사한다. 끝내 자신들의 숙명을 타 넘지 못하고 커다란 조력潮力이 그들을 이끌어 가는 것이다. 단지 차이가 있다면, 하나가 타의적 죽음이라면 하나는 자기희생적 죽음이라고 할까.

막내 외삼촌이 돌아왔다. 새로운 세계에 둥지를 틀겠다고 아내와 함께 외국으로 떠난 후 삼 년 만의 귀국이다. 뜻대로 되지 않는 일 때문에 형제들에게 손을 내밀러 온 모양이다.

엄마는 나에게 여러 번 전화로 애원했다. 말년을 위해서 넣어 두었던 얼마 안 되는 당신의 비상금마저 몽땅 뽑아내 외삼촌에게 건네준 터이다. 그것도 모자라, 동생의 입이 되어 한 번만 도와 달라고 내게 구차한 소리를 하고 있다. 배가 고파도 길거리에서 호떡 하나 허투루 사 먹는 일이 없으신 분이 아니던가. 자식들이 용돈을 주면 액수가 크건 작건 은행으로 달려갔고, 그 손때 묻은 돈들이 통장에 차곡차곡 쌓여 가는 것이 엄마의 즐거움이었으리라. 그 소박한 즐거움을 깨고, 자식이 어려울 때 부모 노릇할 수 있다는 크나큰 기쁨을 선택한 것이다. 자기의 모든 것을 벗어 주고 알몸이 되어도 더 주지 못하는 것이 안타까울 뿐이다. 엄마의 자아는 사랑이란 문턱 앞에서 풀처럼 바닥에 눕는다.

엄마는 나에게 무엇을 주고 싶을 때는 늘 "내게는 필요 없어서"라고 말씀하신다. 자신의 가장 좋은 것과 아끼는 것들을 건네주면서 혹시 나의 마음이 편치 않을까 봐 배려하는 마음에서일 게다. 엄마가 자기의 가장 소중한 것을 주려고 애쓰는 동안, 나는 내게 별로 필요치 않고 소중하지 않은 것을 고르느라 머리가 터진다. 어쩌다 한번 보청기나 편한 구두를 사 드릴 때면 수중에 있는 돈과 몇 번씩 속으로 타협을 해야만 결정이 끝난다. 모처럼 마련해 드린 물건은 자신이 지닌 값어치보다 몇 배나 더 많은 것을 생색내 주기를 기대한다. 마음의 갈등을 겨우 달래며 몇 푼 안 되는 용돈을 엄마에게 쥐어 드릴 때면, 내가 한 행동 이상으로 더 많은 칭찬이 되어 되돌아오기를 기대한다. 나의 진심을 아는지 모르는지, 그래도 엄마는 늘 내게 착하다는 말씀을 잊지 않는다. 나의 쩨쩨하고 가증스러움이 엄마에게 들키지 않은 것을 정말 다행으로 생각한다.

할 수 있는 한 고자세가 되어 외삼촌에게 적선해 준 얼마 안 되는 돈도, "왜 엄마는 항상 '나'여야 하느냐."고 패악을 부리면서 건네졌다. 아까운 마음을 겨우 감추면서 한 푼짜리 동정으로 우애를 대신한다.

가을이 되면 엄마는 자주 꽃게찌개를 상에 올려 주었다. 게는 산란 시기가 되면 알이 꽉 차고 영양이 풍부해진다. 특히 그믐게는 살찌고 맛도 그만이어서 바다의 보약이라고 말씀하셨다.

꽃게는 등과 배에 단단한 딱지가 있고, 다섯 쌍의 발에 집게발

한 쌍이 달렸다. 이런 몸 구조가 우리 식구와 닮아 더욱 친근하게 느껴졌던 것 같다. 갑각류의 대부분은 중세 기사들이 입는 갑옷처럼 두꺼운 각질층이 발달해 있다. 몸 안에 부드러운 부분을 감싸기 위해 단단한 껍데기를 뒤집어쓰고 있는 것이다.

일찍 아버지를 여의고, 나와 식구들을 보호하기 위해 엄마는 좀처럼 감정을 내보이지 않고 살아오셨다. 세상에게도, 우리에게도 무감각한 듯, 교갑 속에 연하고 살뜰한 마음을 숨기고 사셨다. 내가 폐렴에 걸려 의식이 없을 때, 열사흘 동안 눈 한번 안 붙이고 꼬박 새우며 간호하셨던 일은 그 병원 간호사들 사이에서도 오래 입에 오르내렸다. 위협을 느끼면 바위 밑이나 바위틈에 숨기도 하고, 갯벌에 구멍을 파고들어가 살기도 했다. 혹시라도 자식들이 다칠세라 짧은 촉각으로 두리번거리며 평생 마음 편할 날이 없는 팍팍한 삶이었다. 위급할 때는 스스로 자신의 집게발을 자르는 꽃게처럼, 어머니는 자신의 모든 것을 끊고 자르고 떼어 주며 자식을 위해 온 힘을 바쳤다. 앞으로 전진하고 싶은 본심을 숨기고 겸허하게 옆걸음질 치며, 누구에게 눈 한 번 치켜뜨지 못하고 눈치 보듯 살아왔다. 힘들고 어려운 시간을 참고 견디었기에 가슴은 노랗다 못해 붉은 덩어리로 채워져 있다. 모든 짐과 피로를 보내버리지 못한 채, 응어리가 되어 곪고, 터지고, 멍이 들어 버린 것이다.

늦가을 계곡에서 기어나와 바다 쪽으로 내려가는 섬진강의 참게, 그들은 산란을 끝내고 허물을 벗은 후 힘에 부쳐 쓰러져서 생을 마감한다.

허우적허우적, 모래 바닥에서 허물을 벗고 맥없이 흐느적거리는 참게의 마지막을 본다.

허옇고 낡은 껍질은 바다 위에 남아 외로이 떠돈다. 둥둥.

완행열차

어머니는 저 뒤에서 쫓아오신다. 종종걸음 치면서 가슴을 몇 번씩 손으로 쓸어내리신다. 아픈 것을 아프다고 차마 말 못하시고, 어머니는 연신 먼저 가라며 손을 내젓는다.

전에도 숨이 차고 가슴이 뻐개질 것 같다고 말씀하신 적이 있다. 나타내지 않으려고 애쓰시지만, 속도를 넘어서 보려는 어머니의 시도에 나는 번번이 대가를 치르게 하는 것 같다. 어떡하든지 상황을 초월해 보려는 어머니의 노력에, 넘겨 주고 건너뛰는 여유 한 번도 없이, 인생의 시계는 가슴에 견디기 힘든 통증을 가하는 것으로 어머니의 그런 시도를 저지하고 있다.

'딱 삼등 완행열차네. 왜 좀더 빨리 다리를 움직여 나를 따라

오지 못하실까.'

젊음의 오기에 빠져 있던 나는, 어머니의 늙음과 뒤처짐을 한 번도 감싸 안지 못하고, 그때마다 완행이라고 타박을 주었다. 그때 나는 너무 젊었고 철이 없었다. 그래서 역마다 쉬어 가는 삼등열차를 기다려 주지 못했다. 나도 뒤를 따라 그 길을 가게 될 줄을 아셨지만, 그래도 어머니는 나를 다 받아들이셨다.

완행열차는 느리다. 속도가 빠르지 않아서 역마다 쉬어 간다. 급행과 특급열차의 시대인 지금은 차라리 '따돌림'의 열차가 되었다. 차례차례로 앞지르는 빠른 열차를, 그저 바라보고 기다려 주는 열차일 뿐이다. 속도가 느리다는 것은 왜 패배한 것 같은 느낌이 드는지 모르겠다. 변화가 눈부신 현대는 속도가 삶의 적응과 도태의 지렛대가 되어가고 있다. 길고 지루한 인생 경기에서, 결국엔 승자를 만들어내는 부속품에 지나지 않았음을 느끼게 하는 것도 그 지랄 같은 속도다.

완행열차는 과거 속에서 사는 존재이다. 새로운 세대에 진입하지 못해서, 뒤에서 천천히 따라가는 낙오자이다. 낙오자들은 앞서 나가기보다는, 그 세대에 너무 뒤처짐 당하는 것만은 피하려고 애쓴다. 팍팍한 현실에 적응하기보다는, 젊고 활동적이던 과거를 회상하기를 좋아한다.

그들도 한때는 급행으로 달리던 시절이 있었다. 지금은 마르고 앙상하게 노후되었지만, 프랑스의 TGV나 RER의 무한 질주를 소유했던 시절이 있었음을 강변한다. 누구도 그가 한때 지녔던 금송아지에 대해 관심이 없다. 하지만 자신은 그 시절을 그만의 것으로 여기며 뿌듯해 한다.

급행으로 달릴 때는 모든 일이 급했다. 명예도 급하고, 재물도 급하고, 자신에 대한 욕망이 바로 손에 쥐어질 것만 같아서 급했다. 자신도 쫓아가지 못할 정도로 앞서서 달아나는 형체 없는 욕구 때문에, 늘 숨차고 힘겨웠다. 뒤에서 천천히 쫓아오는 완행열차에 대해서는 별 관심을 두지 않았다. 사실은 눈에 보이지 않았다는 말이 더 맞을 것 같다. 그들은 태어날 때부터 느리고 비능률적인 것이라고 생각했다. 속도가 더 빠른 열차가 나오는 동안, 자기도 점점 노후화하고 어쩔 수 없이 완행열차가 되어 뒤로 밀릴 수 있다는 사실은 계산에 없었다. 자신은 선택되어 제조되었으며, 열등해서 뒤쫓아오는 열차와는 전혀 다른 부류라는 우월감으로 우쭐댔다.

완행열차는 열차 여행의 즐거움으로 가득 차 있다. 뭔가 푸근하고 인정이 넘친다. 눈앞에서 천천히 흐르는 풍경, 소박한 행상과 여유로운 역무원의 웃음이 있다. 스프링이 튀어나온 의자, 어둠침침한 전등, 통로에 신문지를 깔고 누운 사람, 가축을 들고 탄 손님의 자루 속에선 돼지 울음소리가 들리던 시절이 있었다. 입석 좌석 구분 없이 개찰구가 열리면, 너나없이 뛰어서 먼저 도착한 사람에게 자리가 주어지기도 했다. 완행열차가 달리는 내내 선풍기는, 가뜩이나 초라한 아버지의 숱 없는 머리칼을 이리저리로 나부끼게 했다. 그때의 완행열차는 서민들의 애환을 가득 싣고 달렸다.

KTX나 급행열차 속에서는 조용하게 소곤대는 귓속말이거나 아예 침묵만 허용된다. 간혹 커피를 홀로 마시는 낭만이 있을 수도 있지만, 서로의 사생활을 간섭할 수 없는 차디찬 교양만이 자리잡고 있다. 그들은 인생의 한 고비를 넘긴 아픔이 있어, 침묵이나 교양이 별것 아님을 미리 깨닫고 있다.

'사생활 침해라고……. 삶은 머리만으로는 살 수 없는 거야.'

계란과 호두과자와 고향에 들고 갈 시끄러운 인생사가 있는 곳에는, 그런 생각은 웃기는 이야기에 불과할 뿐이다. 고통을 넘나드는 그들의 삶이었기에 앞서가는 사람을 인정해 주는 넉넉함이 있다.

이제 삶을 통해서 속도가 그리 중요하지 않다는 사실을 알고는 서두르지 않는다. 느릿느릿 움직이며 시간 속을 헤매 보기도 한다. 누구나 언젠가는 끝내 목적지에 도달하게 된다는 것을 그들은 알고 있기 때문이다.

아까부터 황급하게 화장실을 찾으려고 두리번거리는 어머니를 본다. 어머니도 젊었을 때는 어머니의 시어머니를 위해서 화장실을 찾아다녔다. 그때는 어머니도 지금 볼일을 봐도 되고 조금 있다 봐도 급하지 않았다. 속도의 완급을 조절할 수 있는 힘이 있었다. 이제 자신이 주연이었던 시대를 보내고, 조연으로 남아야만 하는 당위성을, 신은 가르치고 있는 것이다. 결국 주어진 작은 배역마저도 감사하게 받아들일 날들을 위해, 젊음과 무지의 힘을 빼고 있는 것이다. 더 빠른 급행열차가 지나가면 양보하느라 멈추고 또 멈추어도, 그 사실을 조용히 받아들여 겸허하게 몸을 낮춘다. 아직도 열차라는 자긍심을 잃지 않기 위해, 완행열차는 열심히 달리기를 계속하고 있다. 혹시 피로하고 지친 영혼이 찾아 주지 않을까. 그들을 위해 아직도 마음껏 달리고 싶은 소망을 버리지 않고 있다. 속도를 자랑하다 사고를 내기도 하고 남의 일에 간섭하다 다툼이 벌어지기도 하는, 젊은 혈기의 급행열차를 늘 걱정스런 눈으로 지켜보고 있다. 혹시 그들의 만용으로 기차가 달릴 수 없을 때, 느리고 미력한 힘이나마 보태고 싶고 참여하고 싶은 꿈이 있다. 용솟음치는 기상이 노인을 함락시킬 수 없듯이, 그 어떤 추락도 노인을 밑바닥으로 끌어내릴 수는 없다. 모든 사람들이 대피하는 감정의 회오리조차도, 노인의 삶을 비켜 갈 수밖에 없는 이유이다. 크나큰 충격을 흡수할 두꺼운 해면층이 형성되어 있기에, 그다지 큰 영향을 끼칠 수 없다는 것을 그들도 이미 알고 있으리라.

급히 가느라 거쳐야 할 것을 놓쳐 버리는 급행열차가 더이상 부럽지 않다. 목표에 늦게들 도달한다고 나쁠 것도 없다는 생각이다. 차창 너머 논밭에서 땀 흘리는 농부의 삶을 제대로 느껴 볼 수 없는 삭막함은 가라. 누구네가 어디 땅을 붙여 먹고 살고 있고, 올해 같은 흉년에 몇 섬을 거둘 수 있는지, 일일이 궁금한 것이 삼등열차이다. 완행열차는 느린 삶의 미덕을 가르친다. 달리는 차창으로 달려드는 한 줄기 바람결에도 감사하는, 낮은 자리의 삶이 그들의 것이다.

이제 나는 인생의 간이역에서, 첫사랑의 그대처럼 더디게 다가오는 완행열차를, 고운 자태의 은사시나무가 되어 기다리고 있다.

두 바보

귀이개를 찾으려고 서랍 속을 뒤진다. 노인이 사는 집은 여기저기서 낡은 냄새가 난다. 흩어져 있는 물건들조차 생활에 찌들어 오래된 냄새가 물씬 풍긴다. 나는 늙어 버린 것들이 싫다. 자기만 옳다고 여기는 노인의 고집스러움이 싫고, 걸핏하면 자기 삶의 경험이라며 젊은이의 속도감을 경망함으로 몰아세우는 그 꽉 막힌 사고가 싫다. 오래 써서 뻣뻣해진 가죽처럼 두꺼워진 얼굴로, 젊은 사람들의 풋풋한 의견을 서투름으로 몰아세우는 고지식함을 개탄한다. '어르신'이라는 나이에 걸맞은 행동이라며, 누르면 한참만에야 반응하는 굼뜬 행동도 외면하고 싶다. 도대체 오래되어 값진 것이 무엇이 있을까. 술, 친구, 장맛…?

우리 집은 수명을 다해, 버려져야 할 물건들끼리 모여 산다. 그중에 버젓이 '나도 이 낡은 살림의 구성원'이라며 당당히 남아 있는 것이 있다. 노인과 세월을 같이한, 몹시 늙어 버린 TV다.

현관문을 닫고 집 안으로 들어오면 제일 먼저 하는 일이 있다. TV를 켜는 일이다. 적막한 공간이 두려워서라기보다는 거의 습관적인 반응이다.

흔히 바보상자라 불리는 TV는 언제나 스위치를 누르기만 하면 나에게 일방적으로 말을 걸어온다. 무슨 이야기라도 좋다. 적막함을 깨는 일이라면 어떤 소재라도 괜찮다. 작은 소리로 얘기하라고 눈을 부라릴 필요가 없다. 그냥 다가가서 볼륨 스위치를 줄이면 된다. 얘기가 재미없고 지루하다고 핀잔을 줄 필요도 없다. 얼른 채널을 다른 곳으로 돌려버리면 그만이다. 몇 년을 나와 같이 동거하며 늙어가고 있지만, 나의 이런 처사에 불평 한마디 해 본 적이 없다. 한참 이야기를 하는 중이라도, 내가 듣기 싫거나 바쁜 일이 있으면 그냥 그의 말을 끊어 버린다. 양해를 구하지 않아도 상관없다. 그의 눈치를 살필 필요도 없다. 왜 나에게 그렇게 함부로 대하느냐, 자존심을 상하게 한다며 대들만도 하겠지만, 용케 나는 아직까지 그런 일을 당하지 않고 잘 지낸다.

눈이 뻑뻑해질 때까지 드라마에 몰입하다가도 졸려서 잠이 오면 그냥 외면해 버린다. 내가 휴식에 빠져들면 TV는 내 염려 속에서 사라져 버린다. 내가 잠이 들면 그도 쉬게끔 해 주는 배려 따위는 없다. 아침이 허옇게 창 앞으로 다가올 때까지, TV는 저 혼자서 나를 위해 밤을 지새우며 이야기를 들려준다. 그가 얼마나 피로할까, 얼마나 심심할까 따위 염려는 아직 한 번도 해 본 적이 없다. 이렇게 무관심한 친구를 자신이 노쇠해질 때까지 그는 혼신을 다해 몸 바쳐 헌신해 왔다. 그렇다고 그의 건강을 염려해 준 적도 없다. 아프면 AS 기사를 부르고, 그도 안 되면 그는 마침내 폐기물이 되어 쓰레기통에 버려질 운명이란 것을 너무나 잘 알고 있다. 그의 헌신에 대한 고마운 마음도, 애처로운 감정도 없다. 이별에 대한 아픔은 더더욱 괄호 밖이다.

어느 친구가 나에게 이런 대우를 감내하면서 동무를 해 주겠는가. 필요할 때는 다가가 구애하고, 필요 없으면 사정없이 단절해 버리는 나의 이 셈 빠른 인격을, 누가 달갑게 받아 주겠는가. TV가 아니고 인간이었다면 사흘이 멀다 하고 나는 상대방으로부터 버림받는 신세가 되어 있을지도 모른다.

전에 내가 몸이 아팠을 때, 죽을 사 들고 방문해 준 친구가 있었다. 반갑기도 했지만 나의 헝클어진 환경과 가다듬지 못한 얼굴을 내보이기가 싫어서 몹시 불편했던 감정도 기억이 난다. 고맙기도 했지만 성가시기도 했다. 몸을 추슬러 다시 일어나게 되었을 때는 무엇으로 고마운 마음을 보답하느냐가 또 하나의 숙제가 되어 있었다. 고마움이 부담감으로 바뀌어 버리는 순간이었다.

TV가 낡아 가는 만큼 나도 같은 양으로 늙어 간다. 모든 행동이 민첩하지 못하다. 생각도 굼뜨고 감정도 몹시 둔하다. TV와 나는 사회에서도, 가족들에게서도 필요한 존재에서 벗어난 지 오래이다. 버려져야 할 낡은 TV는 오로지 나에게서 존재의 의미를 살리고, 인간들의 관심을 받지 못하는 나는 오로지 TV가 주는 즐거움으로 살아간다. TV와 나는 서로 필요한 존재이지만, 내가 사라지면 같이 사라져야 할 공동운명체이기도 하다. 한술 밥을 먹고 잠만 잘 자면 만족하며 사는 나의 삶이랑, 스위치만 켜면 지체 없이 전원이 들어오는 TV의 삶은 단순하기가 너무 닮아 있다. 거절할 줄도 모르고 반항할 줄도 모르는 밋밋한 삶이 친구

되기에는 그저 그만이다. 건강하지 않은 몸을 애써 달래며 연명하는 것도, 길지 않은 남은 시간 속에서 누가 자신을 알아주기를 은근히 바라는 어리석음의 DNA도 그렇다.

나를 조용히 마주하고 보면 나 또한 체온이 있는 바보 상자이다. 내가 수명이 다해 가는 TV를 내다버리지 않는 한, 노인은 점점 바보 상자와 하나가 되어간다. 나는 이 친구의 바보스러울 만큼 계산할 줄 모르는 헌신을 닮아 가고 싶다.

두 바보는 오늘도 무의미한 일상 중에서 의미를 찾으며 앞으로의 여생을 향해 뜨겁게 어깨동무를 한다.

폭포 소리

 그곳에선 비산飛散하는 포말이 먼저 나그네를 반긴다. 폭포의 역사를 대변하는 나무들은 바닥을 향하여 가지를 드리우고, 치솟은 절벽에서는 세포를 얼어붙게 만드는 하얀 물줄기가 바다로 고꾸라지듯 떨어진다. 흩어지는 물보라가 햇빛에 반사되면서 밤하늘 은하수처럼 뿌려진다. 보트를 타고 비옷을 입고 말발굽 폭포의 지근거리까지 가면, 마치 보트가 폭포 속으로 빨려 들어가는 것 같다.

 엄청난 물살로 휘청거리는 배에 몸을 맡긴 채, 소나기처럼 직선으로 공격하는 물보라를 헤치며 폭포 앞으로 다가간다. 몸에 떨어지는 물살이 속도를 실어 살가죽을 두드린다. 매머드의 오케스트라처럼 뱃가죽을 울리는 진동에 전율감이 엄습해 온다. 빙하기를 살아온 빙점의 물안개는 비로 변하고, 폭포가 내뱉는 고함소리는 온 천하를 호령하는 장군이 된다. 인디언은 나이아가라 폭포를 천둥소리 내는 물이라 불렀다. 그들은 신이 노한 것으로 알고 처녀를 제물로 바쳤다고 한다.

'추장 딸 뽑히어서 노 없는 배를 탈 때
뒤따라가던 이 누군가
추장 딸의 아비라네.'

 실로 물보라 속에서 아름다운 소녀의 소금기 서린 눈물을 맛본 것 같아 가슴이 뜨거워진다. 무심하게 존재하는 폭포 앞에서 역사의 수레바퀴가 지나가는 소리를 듣는다. 그 굴레 속에서 인간은 너무나 작은 존재이고, 중력이나 가속도로는 증명할 수 없는 '거대함'으로 삶의 의미들을 안개 같은 포말로 흩어 버린다. 연신 '쏴' 하는 소리를 내며 고막을 난타하는 고주파에 얼마 동안 청력이 소실되는 것 같다.
 흡사 비행기가 이륙할 때의 먹먹함이다. 귓속의 압력으로 소리가 골 전도를 통하여 음파자극을 감지할 때처럼 그 굉음은 점점 증폭된다. 한동안 멍하니 고막이 터질 것 같아 바보처럼 입을 벌리고 청력의 소실을 막아 본다. 새로운 자극에 유연하지 못한 중늙은이의 두뇌는 청력과 더불어 굳어 버린다. 온 세상은 고요로 가득 차고 얼어붙은 귀는 사각형의 적막 속에 우리를 가두어 둔다. 다시 청력을 회복할 때면, 작은 파도에서 태동하여 거센 해일이 되어 밀려오는 바닷소리를 듣는다. '쏴'하는 소리를 내며……

첫아이를 가졌을 때도 똑같은 소리를 들은 적이 있다. 임신 중인 무거운 몸으로 하루 종일 병원 조제대 앞에 서서 몇백 명 분의 약을 지어 내야만 했다. 중증의 임신 빈혈로 얼굴은 창백해지고 숨은 가빠 왔다. 흡사 타이어에서 바람이 빠져나가듯, 머리에서 시작하여 얼굴, 팔 다리로 피가 빠져나가는 것을 경험했었다. '쏴' 하는 소리와 함께 무엇이 밀려가는가 싶으면 곧 시야는 검은 장막으로 가리어진다. 높은 곳에 올라 있는 것 같기도 하고 세상이 회전하는 것 같기도 했다. 붕 떠 있는 느낌이 드는가 했는데, 곧 정신을 잃고 쓰러졌다. 몸안의 작은 이야기는 천마디 말이 되어 떠들었다. 폭포 소리처럼 '쏴' 하는 그 소리는 나를 매달고 무의식의 세계로 달려갔다. 흡사 몸에 마취약을 불어넣은 듯 붉고 신비스런 세계로 빠져들었다. 한참 후에 누군가가 낮고 달콤한 목소리로 나의 잠자는 영혼을 불러들인다. 이 길이 돌아가는 길이라고 자신을 추스르면서 차츰차츰 다가오는 의식을 맞아들였다.

얼마 전, 나는 이제껏 경험해 보지 못했던 생애의 가장 커다란 소리를 들었다. 그것은 육체의 귀가 아니라 영혼의 가슴을 울리는 굉음이었다. 한 정치가의 부인이 남편의 죽음을 슬퍼하는 방법에 나는 엄청난 충격을 받았다. 손수 뜨개질한 배 덮개와 다시 만날 것을 기약하는 손수건, 그리고 그가 마지막으로 고백한 사랑의 편지를 참관식 때 남편 옆에 넣어 보낸 것이다.

'당신을 사랑하고 존경했습니다. 같이 살면서 나의 잘못됨이 너무나 많았습니다.'

그 편지는 나이아가라 폭포처럼 천둥소리를 내며 잠자던 내 그리움을 끄집어냈다. 인간의 두뇌는 유연하기 때문에 새로운 자극에 연계하여 옛날 일들을 끌어온다. 이야기에 아프게 설득당하는 이유는 따로 있다. 늘 배가 차다고 이 방에서 저 방으로, 심지어 여행길에도 핫 백hot bag을 들고 다니던 그를 빈 몸으로 영원히 차가운 곳에 보내서이다. 나 역시 그 부인처럼 잘못됨이 너무 많았다고 말을 했어야만 했다. 나이아가라는 한 호수의 물이 또 다른 호수로 흘러들면서 낙차가 생기고, 절벽을 뛰어내리는 아픔으로 세계 최고의 폭포가 된다. 빙하기의 물이 이리 호를 만들고 그것이 온타리오 호를 만나 나이아가라가 되듯이, 나의 조그만 배려와 따뜻함으로 그를 얼마든지 행복하게 할 수 있었다.

사람은 누구나 자기중심적이다. 어떻게 그 사람의 마음을 얻을 수 있을까 고민할 때는 희생이 오히려 기쁨이었다. 결혼의 문을 들어서자 어느 한쪽의 희생을 강요하고 상대방의 입장보다는 자신의 고집의 틀을 깨지 못했다. 갈등을 부정적인 쪽으로만 끌어갔고 교묘하게 사람들 앞에서는 잘도 포장하고 살았다.

바닷가에서 튜브로 파도타기를 해 본 사람들은 알 수 있을 것이다, 해안으로 밀려들던 파도가 해안가의 깊게 파인 바닥에 부딪쳐 갑자기 먼 바다로 빠르게 되돌아가서 당황했었던 일을.

백사장 쪽으로 몇 번을 밀려왔다가도 다시 바다로 떠내려가기를 반복하듯이, 그에게 잘못했던 일들은 과거와 현재를 넘나들며 한동안 나를 놓아 주지 않았다. 깊게 파인 양심의 바닥에 걸려 소용돌이치는 이안류처럼…….

우리가 머물렀던 방에서 창밖을 내려다본다. 아직도 짙푸른 분무에 둘러싸인 어두운 밤은 몇 억 촉광의 색등이 자아내는 찬란한 향연으로 폭포의 낭만을 되새긴다. '쏴' 하는 폭포 음과 가슴에 남아 아프게 뉘우치는 더 큰소리가 뒤섞여 나는 아직도 이곳에서의 추억 속을 맴돈다.

여기에 그와 함께했던 아름다운 기억이 있어 그립고, 되돌릴 수 없어 더욱 안타깝다.

고향 버리기

해답을 바라는 나의 질문에 선배는 말없이 커다란 종이를 가져왔다. 그리고 그 위에다 직선 하나를 죽 그었다.

"지우는 것 말고 다른 방법을 써서 이 선을 한번 짧게 해 봐."

나는 선배가 무슨 뚱딴지같은 요구를 하는 것인지 도무지 이해할 수가 없었다. 종이의 선을 오랫동안 뚫어져라 바라보았지만, 선을 지우지 않고 짧게 만들 수 있는 방법은 없을 것 같았다.

"생각해 봤는데요. 그게 과연 가능한 일입니까?"

선배는 빙그레 웃으며 볼펜을 잡았다. 그리고 원래 그렸던 선 옆에 그보다 더욱 기다란 선을 하나 그려 보였다. 골치 아픈 대상은 잊어버리고 필요치 않은 것으로 만들어 버리는 방식이다.

새로운 대상을 찾으면 상대는 내 앞에서 짧은 선이 되어 버릴 거라는 이론이다.

언젠가 나는 죽고 싶을 만큼 힘들었고 두 번 다시 시작하지 못할 것 같은 절망에 빠진 적 있었다. 인파 속을 헤치면서 혼자 낄낄대며 웃어도 보고 꺼이꺼이 울면서 생각도 해 보았다. 하지만 가장 외로운 날엔 아무도 만날 사람이 없었다. 고향도 잃었다. 앞이 안 보이는 칠흑 같은 어둠을 보내며 나는 왜 여전히 고통스러운가 하고 자문해 본다. 잠깐 멈추어 서서 마음속에 쉼표 하나를 그려 넣어 본다.

사람들은 늙어 가면서 더욱 필요한 것이 친구라고들 얘기한다. 그런데도 나는 지금 인생을 마감해 가는 처지에, 내 마음의 고향이라고 생각했던 친구와 마음에 들지 않는 모든 복잡한 관계를 버리고 싶어졌다. 나는 매사에 뺄셈밖에 할 줄 모르는 나의 비사교적인 성격을 싫어한다. 나의 뺄셈이란 소중한 것들을 잃는 일이고 마음의 고향을 빼앗기는 일이다. 그럼에도 나는 굳이 불필요하다고 생각하는 것들을 멀리함으로써 내 생을 더욱 밀도 있고 순결하게 만들 수 있다고 생각한다.

"사람이 하늘처럼 맑아 보일 때가 있다. 그때 나는 그 사람에게서 고향 냄새를 맡는다."

법정 스님께서 하신 말씀이 생각난다. 나도 처음에 그에게서 맑은 하늘을 보았고, 그리운 고향을 만났고, 그가 마지막까지 싱그러운 향기를 나에게 무상으로 건네줄 거라고 생각했다. 그런데도 나는 지금 나의 손등에 어정쩡하게 손을 얹은 채, 엉거주춤하고 있는 친구들의 손을 놓아버리기로 결심한다. 옛 명언에 친구를 사귈 때는 천천히, 하지만 친구를 버릴 때는 더욱 신중하게 결행해야 한다고 들었다. 가까운 친구를 용서하는 것보다 나로서는 오히려 대놓고 나를 디스하는 먼 곳의 적을 용서하는 것이 더 쉬운 일인지도 모른다. 친구와의 관계에서 내가 받은 만큼 상대에게 되돌려 주고 공격하는 것만이 이기는 방법이 아니다. 상대를 아주 잊어버리고 내 인생에서 빼내 버리는 것이다. 선배의 말처럼 이미 그려진 선을 지우기는 어려운 일이므로 현재 닥치는 인생의 뺄셈에 너무 낙심할 필요가 없다는 것이다.

'더이상 미루지 말고 뺄셈으로 나 자신부터 스스로 강해지자. 모르고 스쳐 버린 것들 중에서 새로운 고향을 찾자.'

기존의 선이 무색하도록 그 옆에다 더욱 길다란 선을 그리기로 결심한다. 살면서 별안간 좋은 인간관계라는 호의가 하늘에서 툭 떨어질 수는 없을 것이다. 그런데도 대부분의 사람들은 뜻밖에 마주치는 행운에 한없이 미혹되기도 한다. 허지만 쉽게 찾아온 행운이라는 선물은 한 바퀴 구르면 그것이 다시 함정이 되기도 한다. 그것은 가장 화려한 가면을 쓴 채 우리들의 가장 약한 부분을 건드린다. 그래서 사람들은 쉽게 함정에 빠진다. 그렇지만 나는 믿고 싶다, 길을 잃은 뒤 우연히 눈이 마주친 전혀 새로운 풍경에서 고향을 만날 수 있으며, 뜻밖의 이별 통보의 아픔이 완벽한 인연의 등장으로 보상 받을 수도 있을 것임을. 유치乳齒가 빠지는 것은 잠깐 아프고 허전하지만, 영구치가 나기 위한 순서에 불과할 뿐이다.

뺄셈 철학이란, 소중한 것들을 잃기 전에 불필요한 것들을 자발적으로 제거하는 방식이다. 고향처럼 느끼던 인간관계가 몇 년째 쓰지 않는 물건처럼 짐이 되어 버렸어도, 쥐고 있으려고 버둥대고 있었다. 우리 인생이 무엇을 자꾸 얻어야 하는 것이라고 생각하면 오히려 자꾸 현실이 불만족스러워지는 것 같다. 놓아 버리지 못하고 꼭 이어가려고 하면 할수록 갈등만 더하게 되는 것이 사는 법칙인 것도 같다. 예전에는 왜 썩어빠진 동아줄을 붙

들려고 앙앙불락했을까. 그러고 보니 일 더하기 일을 처음 배우던 어릴 적부터 묘하게 뺄셈보다는 덧셈이 익숙했고, 뺄셈은 왠지 모르게 가진 걸 빼앗기는 것 같은 부정적인 느낌을 가지고 있었던 것 같다.

반대로 고향은 어차피 누구나 떠나게 되어 있다. 떠나고 나서야 비로소 고향은 그 가치가 더욱 눈부시게 다가오는 것 같다.

무심하게 지나친 것들 틈에서, 작지만 반짝이는 것들을 찾아내는 일에 눈을 돌린다. 뺄셈 인생은 우리 삶에서 무거운 짐을 덜어내는 출발점이 되기도 한다. 살아가면서 고향은 어차피 누구나 떠나게 되어 있다. 자연스럽게 저장되는 고향의 기억이야 추억으로 남는다고 하지만, 굳이 애써 지키려는 고향의 기억들조차 버리기로 작정한다. 불필요한 기억들은 덜어내고 아직 머릿속에 남아 있는 추억에 대해서는, 꼬리표를 붙여 나에게서 되도록 먼 주소지로 날려 보낸다. 내 곁의 모든 친구들이 하늘처럼 맑게 보이고 그들에게서 새로운 고향의 냄새를 느낄 수 있을 때까지.

잘 가게, 김 서방

셔터가 내려온다. 천둥 같은 굉음이 들린 후 8번 고로에 불이 켜졌다. 열 개의 화장로 중 여덟 개가 먼저 찾아온 이들에게 넘어갈 무렵, 김 서방을 태운 영구차가 도착했다. 생전에 제 밥그릇조차 챙길 줄 몰라 속을 태우더니, 두 개 남은 불구덩이마저 남에게 양보하는가 싶어 내 속은 이유 모를 슬픔이 끓었다.

겨우 도착한 버스를 세워 놓고 망인에게 몇 잔술을 친 다음 마지막 제상이 차려졌다. 제수가 부실하다고 떼를 쓰는 친척 노인 몇 분을 겨우 달랜 후 갈 곳으로 향할 수 있었다. 살았을 때 신경 좀더 쓸 일이지, 큰일 치르다 보면 늘 트집을 잡아 자기 충정을 생색내려는 자들이 있다.

침대에 누운 김 서방 관 옆에는 자기가 좋아하던 낚싯대가 놓여 있다. 낚시하러 갈 때마다 갖은 아픈 소리로 패악을 부리던 순옥이는 이제 와서 빳빳하게 굳은 몸으로 누워 있는 남편에게 인심 쓰듯 낚싯대를 끼워 보낸다. 강으로 낚시질하러 떠날 때 그러했듯이, 잔소리하는 마누라를 뒤로하고 죄스럽고 숨죽인 모습으로 불속으로 들어간다. 가족과 같이해야 한다는 것을 알면서도 매번 낚시하러 가는 것이 미안해서 돌팔매를 피하듯 머리를 숙인 채 집을 나서던 그였다. 관 속에 누워 있은들 마음 편하게 마누라 옆을 지나칠 수 있을까. 떳떳하지 못할 것 같아 습관처럼 내가 방패막이가 되어 동행해 주고 싶었다. 못질해 버린 관 속에 누워 있는 그에게 이제 와서 미안하다고 한들 뭣하며 쓰다듬은들 뭣하겠는가. 이미 그는 불 속으로 발을 내디딘 뒤였다.

이제 열 개의 화장로가 모두 주인을 찾았다. 유리창 너머로 보이는 9번 고로는 제 할일을 찾은 것처럼 열심히 불꽃을 올리고 있다. 낮에는 회사에서 지게차를 운전하고 밤에는 고장난 기계를 수리하며 식구들을 위해 뼈가 부스러져라 일하다 마감한 고달픈 인생이다. 보답은커녕 어제 장례식장에서 겨우 하루 힘든 몸을 쉬고, 만 하루를 채 못 넘기고 급히 화장장으로 쫓기듯이 떠

밀려 온 그의 몸이다. 다 큰 자식과 홀로된 미망인으로서 험한 세파를 헤쳐 나갈 일도 순옥이에게 쉬운 일은 아니겠지만, 실용만을 생각하는 자식과 마누라는 그를 하루 만에 화장장으로 내몰았다. 부부애와 부자간의 도리는 거대한 실리주의 앞에 그의 존재를 의심해 볼 만큼 힘을 못 쓰고 사라져 버렸다. 마누라와 자식을 생각하며 남들처럼 더 베풀어 주지 못해 애달파하던 김 서방은 지금 어떤 생각으로 이 사무적인 처리와 냉정한 현실을 지켜보고 있을까. 뜨거운 불속에 몸을 내맡기면서도 이왕 태워 버릴 몸, 더 가족에게 헌신하지 못한 과거만 안타까워하고 있을지도 모르리라.

미련하고 착해 빠진 김 서방.

순옥이가 나의 딸이니 김 서방은 그러니까 나의 사위인 셈이다. 약국을 하면서 어른을 모시고 세 아이를 키우던 내가 자매결연을 미끼로 고아원에서 데려다 키운 아이가 바로 순옥이다. 나는 손이 부족했고 원장은 설날과 추석으로만 행해지는 지원 말고도, 위급한 아이나 나쁜 일이 있을 때 약국의 도움이 필요했다. 연애도 하고 결혼도 하고 아이도 잘 키웠다. 가족의 흉내를 내며 또 다른 사람의 체온을 훈훈하게 느껴 갈 무렵, 어렸을 때부터 부모의 사랑을 모르고 자란 박복함은 운명을 도로 제자리로 돌려놓은 셈이다. 간밤에 가슴을 쥐어뜯으며 별안간 숨을 거두기 전까지 남편의 낚시질 외에는 별 불만 없이 살아 주었으니까.

열 개의 고로가 모두 '화장 중'이라는 문자를 띄우고 있다. 뜨거운 불 속에서의 고통은 '김 서방 혼자'만의 일이다. 밤새 잠 못 자고 새벽에 나온 식구들은 제가끔 졸고 있다. 한 사람의 인생이 자취를 감추고 살과 뼈가 무기질이 되어 버리는 잔혹한 현실인데도 살아 있는 사람은 잠에 빠지고 만다.

9번 고로 '수골 중'이라는 전광판을 보고 잠에서 깨어난 일행은 계면쩍은 표정으로 서로 외면한다. 수골하는 곳으로 달려가는 사람들이 마치 지루한 일정이 빨리 끝나 후련하다는 표정이 더 이채롭다. 사람들이 남의 일에 대해서 얼마만큼 냉정할 수 있는가를 훔쳐 본다. 자신도 모르게 내보여지고 있는 진실이다.

김 서방을 태우러 들어간 침대 위에는 흰 보자기가 씌워져 있고, 그 위에 타고 남은 엉치등뼈, 어깨뼈, 무릎뼈 서넛 덩어리와 뽀얀 흰떡 가루 같은 김 서방의 잔재가 누워 있다. 치열하게 타오르는 불 속에서의 단 두 시간만에 김 서방의 따뜻한 체온과 어설픈 웃음과 고달팠던 삶의 흔적을 무위로 날려 버렸다.

상주에게 확인시킨 뼈는 곧장 '분골실'로 들어가 으깨지고 있다. 살아 있는 사람에게 몸을 내맡긴 죽은 자는, 가루가 되고 몸이 으스러져도 또 다른 주장조차 내보이지 못하고 단지 받아들일 뿐이다. 놀이터의 동상처럼 우두커니 세상을 바라보는 일 외에는 아무것도 할 수 없다. 한줌 재가 되어 남은 김 서방은 그가 즐겨 다니던 낚시터로 보내졌다. 죽은 자에 대한 한없는 아량이다.

내가 근무하는 약국은 접이문 하나로 장례식장과 격리되어 있다. 바로 문 하나를 사이에 두고 살겠다고 발버둥치는 치열한 삶의 현장이 벌어져 있고, 뽀얀 연기와 향내로 헝클어진 또 다른 세계가 열려 있다. 김 서방은 가장 어렵고도 쉬운 금단의 문을 열어 본 것이다.

어제의 김 서방은 뜨거운 현실이었고 오늘의 김 서방은 차가운 영혼이 되어 인간세계의 경계를 훌쩍 넘어섰다. 옮겨가는 발걸음이 너무 간단하고 쉬워서 김 서방의 죽음도, 살아 있다는 것들의 성스러움도 인정하고 싶지 않다.

김 서방은 삶을 뛰어넘은 선구자일까, 힘들고 고달픈 삶에 항복해 버린 패배자일까. 영겁을 알지 못하는 우리들의 머리로는 도저히 이해할 수 없는 창조주의 놀음이다. 단지 내가 알 수 있는 것은 김 서방이 내디딘 곳은 우리들과 무척 가깝고 문 하나의 경계로 접해 있다는 것일 뿐이다.

  잘 가게나, 김 서방.

영혼과의 만남

지금은 사람들의 기척이 전혀 없는 밤이다. 주위엔 검은 휘장이 둘러쳐진 것처럼 온통 새까만 정적만이 존재한다. 천천히 둘러보고 남아 있는 한 개의 방마저 불이 꺼진다. 어둠은 두려움을 불러오고 홀로 남아 또 다른 두려움을 손짓한다. 잠깐 내민 어둠 속에서 여러 개의 얼굴들이 보인다.

급히 문을 닫는다. 뭔가 나를 부르는 것 같아 확인하듯 다시 문을 열어 본다. 차가운 공기가 싸하니 밀려와 코 끝에 닿는다. 삶과 죽음이 뒤엉킨, 냄새조차 가늠하기 어려운 냉기가 머리카락을 곤두세운다.

아까보다 더 큰 두려움이 나를 휩싸며, 더듬더듬 내려간다. 어둠이 나를 넘어뜨리기 전에 빨리 문을 닫아 버린다. 검은 휘장 속엔 두려움이 산다.

아무도 없다. 아무도 없다. 속으로 몇 번씩 다짐해 본다. 큰소리로 자신에게 타이를수록 방안에서 보이는 여러 개의 얼굴들은 더욱 선명해진다. 부피는 없고 단순한 선으로만 비치는 여럿의 움직임이 보이는 것 같기도 하고 무채색으로 흐느적거리는 것 같기도 하다. 어떤 땐 한숨 같은 소리로 다가오고, 사그락사그락 비단 자락이 스치는 것 같은 침착한 움직임도 있다. 오래 갇혀 지내는 생활이 지겹다고 귀에 대고 속삭이는 것 같기도 하고, 같이 있어 달라고 애원하는 듯한 애절한 눈초리도 보인다.

암흑 같은 신비 속에서 하나, 둘 영혼과의 만남을 준비한다. 내 준비가 채 끝나기도 전에 벌써 다가온 영혼이 하나 있다.

한마디 말조차 곱게 건네지 못하고 늘 차갑게 대했던 아버지의 영혼을 만난다. 행여나 말 한번 걸어 줄라치면 내 말이 빨리 끝나 버릴까 봐 안절부절 못하시던 아버지의 안쓰러운 몸짓이 겹쳐 보인다. 잘 잡수시던 조기찌개도 생각난다. 한가득 차려 드린 밥상 앞에 앉아 있는 내 생각을 아시는지 모르시는지, 연신 손수건으로 땀을 훔치면서 만족스러워하시던 아버지 생각이 난다. 따뜻하게 해 드리지 못한 뒤늦은 후회가 모두 두려움으로 바뀌어 내게로 다가온다. 정말로 철이 없던 딸이었다.

갑작스럽게 떠나심으로 해서 줄기찬 미움도, 날을 세운 저항도 다 무위로 끝나 버리게 만들었건만……. 아직도 아버지에겐 마주하고 싶은 딸이었나 보다, 나는.

베푸신 애정의 양만큼 딸에게서 걷어들이지 못한 미련이 남아 있는가. 아니면 내 차가웠던 시선이 아버지의 영혼을 떠나지 못하게 가두어 버렸는가. 아직도 아버지의 영혼은 이 방에 거주하고 계신다.

새벽녘만 되면 다리가 쑤셔서 잠을 이룰 수 없다고 하소연하시던 할머니의 영혼도 만난다.

'노인이면 아픈 게 당연하지.'

힘들고 어렵게 내뱉는 호소를 푸념쯤으로 넘겨 버리고 얘기를 들어주는 것 조차 귀찮아 했었다. 여름날에도 꼭 따뜻한 숭늉을 찾는다며 정말 까다로운 노인네라고 치부해 버렸었다. 노인은 집을 지키고 있는 것을 당연한 일로 생각하고 나들이 한번 그럴듯하게 모시고 나간 적이 없다. 그래서인지 나를 쳐다보는 할머니의 눈은 항상 무언가를 갈망하는 사람처럼 바쁘게 두리번거린다. 그러는 눈빛 속엔 슬픔이 가득하다. 보글보글 끓여 주시던 된장찌개 냄새가 나는 것 같아 흠칫 뒤돌아보면, 할머니는 웃는지 우는지 쏜살같이 한줌의 그림자처럼 사라져 버린다.

몇 년을 같이 지내다 과수원에 팔아 버린 '워리'의 영혼도 있다. '워리'를 생각하면 누가 내 가슴에 심한 발길질을 하는 것처럼 가슴이 답답하고 숨이 막혀 온다. 팔려 가는 곳이 과수원이 아닐지도 모른다고 생각하면서도 눈을 질끈 감아 버린 내 양심에 대한 가책이다. 떠나지 않으려고 발버둥치는 '워리'를 뒤로하고 돌아섰건만, 그 눈에 떨어지지 못하고 엉켜 있던 축축한 액체를 잊을 수가 없다. 한때는 나의 가족이고 또 니의 위로였었다. 나에게 필요가 끝났다고 '워리'에게 향하는 마음조차 끊어 버렸다. 가족이 되지 못하고 놀잇감으로 그쳐 버린 짧은 생이었기에, 아직도 완성하고 싶은 미완의 고백이 있었는지도 모르겠다. 아직도 나를 향해 슬픈 눈으로 짖어댄다.

식모살이하다가 다시 찾아온 순이의 얼굴도 있다. 폐가 안 좋은 지병이 있어 집에 가서 요양하라고 돌려보낸 지 채 한 달도 안 돼 다시 찾아온 아이다. 올케와 같이 지내야만 하는 엄마 없는 집보다는 우리 집이 편하다면서 다시 짐을 풀었다. 순이에 대한 신의 가호가 겨우 여덟 달을 버티었던가. 끝도 없는 치료에 내가 지루해질 무렵, 하늘이 부르셨는지 자신이 목숨을 서둘렀는지, 그만 떠나 버렸다. 일 안 하고 오래 있어도 미안하지 않을 하늘나라로 긴 여행을 떠났다. 아직도 순이는 꿈에서 나를 만날 때마다 함박웃음으로 웃어 주지만, 그 천진한 웃음은 피처럼 뜨거운 액체가 되어 나의 가슴을 훑어 내린다. 다시 돌려보내지만 안 았더라도 그렇게 쉽게 떠나지는 않았을 텐데.

새벽녘이 가까워 온다. 만나고 있는 동안엔 그들과의 대화는 끝이 없다. 방문을 닫는다. 문이 꽉 잠겼는지 다시 확인해 본다. 문이 단단히 잠겨 있지 않으면 영혼들과 어쩔 수 없이 만나야 되기 때문이다. 문을 잠그면서 내 가슴을 후려치는 후회의 문도 같이 꼭꼭 닫아 버린다. 그리하지 않으면 오늘 밤도 잠을 이룰 수 없기 때문이다.

"밤이 깊었어. 모두 들어가 있어. 내일 다시 열어 줄게."

달래듯이 하소연하듯 나와 같이 함께하려는 영혼들을 떠밀어 방 깊은 나락 속으로 가둔다. 더러는 문을 두드리며 발버둥치는 영혼도 있다. 허지만 체중을 실은 채 방문에 기대어 버티고 있으면 잠시 후 대부분 조용해진다. 왜냐하면 내일도 어두워지면 또 만날 수 있을 테니까.

 밤이 오면 그들은 나의 영혼과 나의 몸을 노크하고 들어와 자리를 만들고 옛날을 부른다. 이 특별한 만남은 언제부터인가 내 삶의 중요한 일과가 되어 일상을 채워 주고 있는 것이다. 그들은 나의 일부가 되고 나는 그들의 일부가 되어가는 일이다. 나는 영혼과의 만남을 늘 이렇게 마무리한다.

2
바보 그 여자

여기에 정신지체자가 보호 받지 못하고
소외되는 성숙하지 못한 사회가 있다.
늙었다는 이유만으로 모멸감 속에서 살아야 하는
문명의 미개지가 아직도 존재한다.

환송

좀더 있어 달라는 국장님의 완곡한 부탁을 뒤로하고 약국을 나섰다. 여러 젊은 약사들과 직원들이, 떠나가는 노 약사의 좌우 두 줄로 늘어서서 배웅을 한다. 흡사 군대의 사열식 장면 같다. 국가 원수나 지휘관이 장병들을 정렬시켜 놓고 사열대 앞을 통과하는 기분이 이럴까.

떠나는 노병은 자기의 업적을 비로소 이 자리에서 확인하는 것 같아 모처럼 어깨를 뒤로 제켜 본다. 발걸음조차 힘차고 자랑스럽다.

"약사님 때문에 약국이 잘 운영되었는데 정작 떠나신다면 이 약국은 어떻게 합니까?" 지나가는 길에 모두들 한마디씩 거든다.

사람들은 떠나는 이에게는 어쩌면 이렇게도 쉽게 마음을 여는 것일까. 감옥의 육중한 문처럼 나를 향해 '철커덕, 철커덕' 닫히던 소리를 들을 때마다 그 마음의 문을 열고 싶어 애태우던 순간들이 생각난다. 슬픔인지 기쁨인지 모를 물기가 가슴속으로 뿌옇게 서린다. 무거운 짐을 덜어 버린 홀가분함과 옷 한 벌 없이 혹한에 내동댕이쳐진 것 같은 허허로움이 교차 한다.

'어바웃 슈미트'라는 영화가 떠오른다. 슈미트는 한평생을 오직 직장과 가정만을 바라보며 달려온 보험회사 직원이다. 영화 초반, 의례적인 퇴임 파티를 끝으로 그는 사회에서 용도폐기된다. 컴퓨터를 잘하는 젊은이에게 자신의 자리를 빼앗기다시피 퇴임당한다. 퇴직 후 슈미트는 업무를 몰라 헤매고 있을 후임 생각에 미친다. 불현듯 멋진 바바리코트를 차려입은 그는, 넌지시 근무하던 회사를 찾아가 본다. 지나치며 보았던 쓰레기통에는 자신이 후임에게 건네준 업무 파일들이 사정없이 버려져 있었다. 슈미트가 없어도 너무나 잘 돌아가는 회사, 젊은 후임자는 웃으며 그가 돌아나갈 방문을 친절히 열어 준다.

우리는 시간 속에서 살고 있지만 인간은 결국 공간적 존재일 터이다. 우리 뒤에도 시간은 있었고 우리 앞에도 살아 나아갈 시간이 있다. 시간과 함께 움직이지만, 침묵하는 공간은 놔버리려 해도 놓을 수가 없다. 우리가 늘 있는 곳이고, 먹고 일하고 잠자는 방이 곧 삶의 공간 아닌가. 우리의 생명들은 어떤 특정한 공간 속에서 태어나 자라고 다시금 사라진다. 숨쉬는 공기와 먹는 음식 같은 시간적인 요소도 중요하지만, 인간에게서 공간을 빼앗는 것은 인간의 존재 자체를 박탈하는 행위라고 말하고 싶다. 감옥을 고안하고 죄수의 공간을 장악함으로써, 그들의 삶을 장악하고 인간의 존엄성마저 가져가 버리는 것이다. 그러므로 삶의 공간을 빼앗아가는 것이 얼마나 큰 징벌인가를 알 수 있다.

잡은 손을 놓고 뒤돌아가는 길은 한적하고 길다. 분주하지 않아서 더 멀고 더 지루한 것 같다. 지는 해가 포물선을 그려 갈 때, 공간 없이 떠도는 내 영혼도 같이 수평선너머로 곤두박질치게 되리라. 수평선이 가까워지면 그 한적함마저 소리 없이 물속으로 녹아 버릴 것이다. 주위는 끝 간 데 없이 넓은데, 내가 떨고 있는 나의 내일을 두려워하고 있음을 아는 사람이 없다. 지는 해가 되어도 아픈 것은 아픈 것이고, 결코 감각 없이 무시되어야 할 미생물이 아님에도 아무도 그걸 느끼지 못한다.

왜 인간은 자기의 공간에 이토록 집착하게 되는 것일까. 돌이

켜보면 대단히 어리석은 일이겠지만, 공간을 확보하기 위해 평생 동안 목을 매었다. 그것을 얻어내고 넓히는 일이 자식과 가족을 사랑하는 일이라 믿고 너무 쉽게 목을 내주었다. 죽음조차, 공간을 확보하는 전쟁 다음의 일로 치부해 버렸었다. 젊음을 다 소비해 버린 후에야, 영원한 미지의 공간으로 떠나야 할 시간이 가까이 와 있음을 알아차리게 될 테니 아쉽지 아니한가.

인간이 자기의 공간에 좀처럼 미련을 버리지 못하는 이유에 자꾸 마음이 쓰인다. 신은 장난스럽게도 인간에게 일고 싶은 본능을 심어 놓으신 것일까. 신의 잠깐의 유희에 우리들 인간은 목숨이 잦아들 때까지 전력을 다하고 있는 것이다.

이제 내게 신의 유희에 발맞추고 춤추는 일은 더이상 일어날 수 없어서 다행이다. 언젠가는 떠나야 한다는 사실을 받아들이는 일이, 곧 공간을 내려놓고 본능과 화해하는 유일한 길이 될 테니까.

개똥벌레

온몸을 휘감으며 정욕의 불길이 타오른다. 그 불길에 몸속의 세포 하나하나가 툭툭 터지며 황홀경으로 눈을 뜬다. 일순간이나마 속내의 갈등과 고뇌 한 점까지도 연소해 버리는 불꽃이다.

숱한 남자에게 몸을 내맡겼던 그녀는 되돌아서며 한마디 한다. 사내들이 돈벌이와 출세를 위해 땀 흘리고 인생의 가시덤불과 유혹이 쳐놓은 낚싯밥에 걸려 괴로워할 때, 자신의 인생은 그런 남정네들을 위한 삶이 아니었겠느냐고. 벌레처럼 살아온 한 세월이었지만, 어둠 속을 빛내는 구원의 개똥벌레였을 짧은 순간은 행복했었노라고. 비록 손가락질 받을 인생이지만, 그 맛에 취해 자기에게 주어진 소중한 삶을 방기하고 모독했었다고 털어

놓는 그녀의 목소리에 굴곡이 진다.

그녀는 내가 약국을 하면서 알게 된 춘자라는 이름의 아가씨였다. 스무 살 꽃다운 나이에 우연히 만난 언니에게 끌려 요정에 첫발을 들여놓았다. 그렇게 맺은 인연이, 지체 높은 귀인들과 멋을 아는 손님만을 선발하여 수준 높은 서비스로 사내들의 밤을 즐겁게 해 주는 화류계의 인생이 될 줄이야. 한때는 강남에 포진한 룸살롱으로 자리를 옮겨 정·재계를 비롯한 상류층을 자신의 손으로 떡 주무르듯 하던 시절도 있었다.

그 누가 세월을 비켜갈 수 있을 것인가. 중년이 되면서부터 어둡고 퀴퀴한 방석집을 떠도는 신세로 떨어지고 만다. 깔끔하고 새침 떠는 젊은 아이들보다는 널브러져 있는 듯한 늙은 여자들과 화투짝을 매민지며 세월을 삼켰다. 상큼하고 싱싱한 '나가요걸'들이 뭇 남성들을 사로잡으며 밤의 문화를 주도하고 있을 때, 그녀는 이미 '화류계의 아웃사이더'로 분류된다. 우중충하면서도 퇴폐적인, 그러면서도 피학과 일탈이 묘하게 뒤섞이며 뒷골목을 전전한다. 쉰 가까운 나이에도 화류계를 벗어나지 못하고 그곳에서 머물며 짙은 화장으로 청춘을 추억하는 그녀를 보는 것은 분명 슬픈 일이 아닐 수 없다.

불경기로 환자 수가 줄자, 내가 다니던 직장도 구조조정에 나섰다. 이럴 때 언제나 나이가 많은 사람 순으로 밀려나게 된다. 그 첫 희생자가 바로 나였다. 싫지만 나는 또 다른 직장에 손을 내밀어야 했다. 가는 곳마다 '학번'을 묻는 것으로 면접이 시작된다. 젊음이 간판인 그런 사람들에게 나의 나이는 부끄러운 수치 이상의 아무런 의미가 없다. 노골적으로 얼굴을 훑어보는 눈길을 피하며, 학력이나 경력으로 말하자면 누구에게도 지고 싶지 않다고 변명하듯 웅얼거린다. 얼마든지 당신들과 어깨를 겨룰 수 있다고, 어디 우리들이 하는 일이 힘으로 하는 일이냐고 마음속으로 되묻는다. 내 자신의 사업장을 그만두고 다른 사람 밑에서 전전한 것이 벌써 스무 해가 다 되어간다. 매끄럽지 못한 친화력과 책임지는 삶이 버거워, 어려운 길을 회피하다 보니 '파트타임' 인생이 되고 말았다. 어깨의 힘을 덜어내려고 선택한 길이 이럴 때는 몇 배로 힘겹다.

 몇 번이고 얼굴을 두드리고 정성껏 피부를 손질한다. 앞머리를 이마 위로 내려 새로 돋아난 흰머리를 감춘다. 수분과 유분을 덧발라 주름을 잠시라도 사라지게 만든다. 지적으로 보이면서도 발랄함이 엿보이는 옷을 선택한다. 대화를 할 때면 되도록 빠르고 앳된 목소리로 얘기하려고 애쓴다. 고용주와의 인터뷰가 있을 때마다 내가 일상적으로 하는 짓거리들이다.

가는 곳마다 나의 화려한 경력을 떠벌인다. 어디에서 몇 년 일하고 그 방면에서 얼마나 고참인가를 역설한다. 어떤 사람은 나를 만나기 위해서 서울에서부터 찾아오기도 하고, 어떤 주인은 나를 놓치지 않으려고 얼마만큼의 계약금과 연봉을 내걸었는지를 자랑스럽게 늘어놓는다.

내가 이런 넋두리에 열을 올리는 동안, 주인의 얼굴은 반비례로 냉정해지고 몹시 지루해 한다. 약간은 비웃는 얼굴로, 다른 사람을 이미 채용했다거나 자기네 약국엔 새내기가 아니면 필요치 않다고 중간에서 말을 자른다. 오래된 능력자보다 일은 못해도 좋으니 풋풋한 젊은이가 필요하다는 것이다. 그 순간 한물간 퇴기처럼 난 비참하고 초라해진다.

이제 고용주의 눈치를 살피는 것은 거의 '통과의례'에 속한다고 믿고 받아들인다. 늙었다는 소리를 듣는 지금은 나도 모르게 내 말과 행동에 비겁함이 스며 있음을 확인하며 스스로 놀란다. 나이로 인한 겸허함이라고 자위해 보지만, 뒤집어 속내를 살피면 당당하지 못함을 감추려는 의도가 숨어 있다. 그래도 나를 모르는 사람들은 그 연세에 일을 하는 것이 부럽다고들 하니 그나마 견뎌 낼 힘이 생겨나는지도 모르겠다. 당당함과 비겁함, 떠나가 버린 것과 소유하고 있는 것은 결국엔 두 얼굴을 가진 하나의 본질인 것이다.

젊음은 결코 오래 머무는 것이 아니라고 말해 주고 싶다. 지금 늙어 있는 우리도 한때는 젊음을 소유했던 적이 있는 사람들이라는 것과, 잠깐 한눈파는 사이에 늙음이 그들 앞에도 성큼 다가올 것이라는 사실을 미리 알고 있기에 젊음을 앞세우는 치기에도 그리 노엽지 않다. 나도 지나간 다른 늙음 앞에 이유 없이 당당했던 시절을 기억하니까.

춘자가 아직도 그 생활을 떠나지 못했듯이, 나도 저녁이 되면 어김없이 집을 나선다. 한 손에는 새로운 약에 대한 설명서를 들고, 다른 한 손에는 교통 카드가 담긴 작은 손가방을 들고 출근을 서두른다. 화장을 하고 흰머리를 감출 때의 비겁함은 애써 떨쳐 버린다. 체머리를 저으며 생각들을 하늘로 날려 보낸다. 길지 않은 시간이 지난 후에 뒤따르는 후배들도 역시 나와 같은 크기로 상처받은 자존심을 달래느라 괴로워할 것이고, 그것이 자연이고 섭리라는 것을 분명히 알고 있으므로.

새로운 처방을 익히고 있는 두려움과 설레임이 내게 있고, 아직도 경력자를 인정해 주는 고용주와 환자들의 기대가 있어 가슴이 뛴다. 환자들에게 약을 주고 그들의 아픔을 듣고 있노라면, 그들로 인해 나의 노고를 보상받는다는 기분을 문득문득 느끼곤 한다. 눈이 가물가물할 정도로 복잡한 처방전을 나름대로 해석하여 아침, 점심, 저녁으로 분리해 조제해 주는 일은 얼마나 큰 보람과 환희를 안겨 주던가. 눈망울을 반짝이며 나의 '복약 지도'를 열심히 듣고 있는 환자들이 있어, 나는 아직도 어둠을 밝히는 개똥벌레임을 스스로 확인한다.

위대한 유산

기척만 들리면 현관 쪽을 자꾸 쳐다보게 된다. 귀가 어두운 탓도 있지만 벨소리가 들리기 전에 빨리 문을 열어 주고 싶은 생각에서이다. 추운 날은 우리 새끼들을 밖에서 떨게 하고 싶지 않다. 사실은 아이들을 빨리 보고픈 마음에서라는 말이 더 맞을 것 같다.

일요일 아침이면 나는 언제나 즐겁게 바쁘다. 기분도 날 듯이 가볍다. 듬직한 세 아들과 혼자인 시어머니를 보살피겠다는 기특한 며느리들, 토끼같이 귀여운 손자들이 떼로 몰려오기 때문이다.

남편은 살아생전 완벽한 자유인이었다. 분명 조직에 몸담고 있지만 그는 자신의 영혼을 고정된 틀 안에 가두어 두는 일을 못

견뎌 했었다. 자신의 가치관은 상식에 우선하고 자기가 주장하는 길만이 정의라고 생각한 사람이었다. 좋고 싫음도 태도에 확실히 나타났다. 굳이 사람들과 어울리려는 마음도 적었기 때문에, 행동이 일방적이고 좌우를 살피려는 노력도 필요 없는 위인이었다. 좋게 말하면 개성적이지만, 그를 탐탁지 않게 생각하는 이들이 보면 자기 멋대로의 성격으로 보일 수 있다. 자신의 세계관을 확실히 가졌지만, 언제나 대상을 조직화 시켜서 사고하는 버릇이 있었다. 다른 사람은 자신의 의견을 집행하는 기관쯤으로 생각했다고나 할까.

농촌에서 자란 사람들은 '피'라는 잡초를 잘 알리라. 볏잎과 비슷하게 생겼지만, 벼보다 좁고 길며 가시랭이가 있다. 환경 적응성이 뛰어나 척박한 땅에서도 잘 자란다. 벼논에서는 벼가 주인이다. 그런데도 이놈이 어찌나 생명력이 강한지, 농부들은 등골이 휜다. 벼의 성장을 방해하는 탓에, 어긋나고 말 안 듣는 자식처럼 골치를 썩인다.

남편은 바로 피와 같은 사람이었다. 만기를 앞둔 정기예금 깨기로 식구들의 희망과 꿈을 산산조각내 버린다. 걸핏하면 은행 대출을 한다. 물론 가족의 복지와는 전혀 관계 없는 용도로 사용하기 위함이다. 쓸데없는 선심과 분에 넘치는 자기 과시에 자신의 전부를 던진다. 시시때때로 사고치는 사람은 본인이면서도, 단지 가장이라는 이유만으로 자신은 집에 오면 제왕이어야만 한다. 가장의 말은 입에서 나가는 족족 법이고 진리가 되어야만 하고, 나머지 가족들은 별로 수긍이 되지 않는 규제들을 무조건 따르지 않으면 안 된다.

선조가 남긴 가치라느니, 정신적 전통이라느니 하면서 그가 만든 법이 있다. 어느 시대 해먹은 벼슬인지 잘 모르지만 자기네는 노론의 후손이라는 것이다. 학교에서 선조 때 당파 싸움을 배우면서 노론 소론 얘기를 들어서인지, 노론에 대한 인상이 나머지 식구들에게는 그리 썩 좋은 편은 아니다. 나로선 전통이나 벼슬을 내세우지 않는 친정 쪽이 오히려 더 양반스럽고 민주적으로 느껴진다.

우리 집은 결혼한 아들만 셋이 있다. 아이들에게 무슨 일이 있어도 일주일마다 본가를 찾아야 한다는 조례가 하달되었다. 일주일 동안 힘들게 일하고 하루쯤 편히 쉬려는 그들에게 기어이 일요일 아침 아홉 시만 되면, 전부 집합시켜서 같이 식사를 하게 한 것이다.

'피'라는 식물은 애초부터 벼농사를 잘 되게 하려는 선심이 없다. 그런 의무를 심각하게 생각하지도 않는다. 오직 그 논의 패권을 누가 장악하느냐 하는 데만 관심을 쏟을 뿐이다. 남에게 비쳐지는 뒷모습이나 자기가 만들어 내는 자신의 위치를 망각하고 타인의 영역을 완강하게 잠식한다. 그가 바로 그랬다. 나머지 가족들은 숨소리조차 크게 내지 못하고 그의 나라 백성이 되어야 한다.

한번은 큰아이의 식구들이 식사에 참여하지 못한 적이 있다. 처가가 이사를 하는 날이었기 때문이다. 어떤 일도 예외가 될 수 없다는 남편과 큰아이가 팽팽히 맞섰다. 스스로 선택하고 책임질 기회를 주지 않고 꾸중만이 자신의 몫인 양 받아들이기엔 이미 아이들은 너무 성장해 있었다. 게다가 주부인 나는 일요일마다 상을 차리느라 허리를 제대로 펴 본 순간이 없었다. 나머지 아이들 역시 이 강압적인 조례 때문에 부부싸움도 여러 번 했다고 들었다.

그 일로 한동안 비바람이 불고 날씨가 궂은 듯했다. 하지만 자식 이기는 부모 없다는 말도 무색하게, 큰아이의 양보로 행사는 그대로 지켜졌다.

대 재벌가 정주영은 재산이라도 넉넉히 물려주면서 독재를 했다지만, 남편은 동전 한 닢 아이들 입에 물리지도 않고 자신의 이론을 법제화한 위인이었다. 모두 부당하다고 생각하지만, 가장이라는 사실 때문에 하나같이 입을 다물었다. 어찌나 생명력이 강한지 벼는 피를 이기지 못한다. 우리들 눈에는 벼이삭이 잘 익은 논이 아니었다. 멀리서 보아도 집안 꼴은 벼 반 피 반의 농사였다.

바자우족은 말레이시아와 필리핀 사이의 술루 해에서 살아가는 소수 부족이다. 작살을 이용한 수중 사냥 능력이 뛰어나서 멀리 있는 물고기도 작살 하나로 명중시킬 수 있다고 한다. 이들이 특별한 체질을 타고난 것이 아니라 힘들지만 부단한 반복 훈련이 습관이 된 결과이다. 출렁이는 물결에 익숙해지면 반대로 육지에 나오면 오히려 멀미를 하게 된다고 한다. 어려웠던 법칙이 수월해지고 마지못해 하던 일이 즐거운 전통이 된다. 부단한 반복의 결과이다. 이 문제로 부부싸움을 하던 며느리들도 오히려 시댁에 안 가는 날이면 이상하게 울렁거리고 멀미를 하게 되었다.

제주도에는 돌이 너무 많아 농부의 손과 발을 참으로 고단하게 만들었다. 섬에서 농업이 시작된 이후 제주 인들은 돌밭을 일구어야 했고, 그 쏟아져 나오는 돌들을 쌓아올리다 보니, 강한 바람으로부터 작물을 보호하고 흙과 씨앗이 흩어지는 것을 막을 수 있게 되었다.

선구자의 가장 큰 고통은 그가 보고 예지한 것을 보여 주려 해도 사람들이 따라 주지 않고 몰라주는 것이라고 한다. 이제 와서 헤아려 보니 남편의 독선은 무조건 자신의 권위와 위치를 누리려 고집한 것만은 아니었던 것 같다. 그는 전통을 파종하고 앞으로의 삶을 편집하느라 열정을 바쳤던 것이다.

그는 갔다. 그가 세상을 하직한 후, 그가 뿌린 것을 지금 내가 수확하고 거두어들인다. 혼자 남은 나는, 아이들의 잦은 방문으로 외로움이란 단어조차 생경하다. 누리면서 비로소 그의 참뜻을 깨닫게 되었다. 어려웠던 법칙이 수월해지고 마지못해 하던 일이 즐거운 전통으로 자리잡았음을 말이다. 그가 생전에 남겨주고 간 '위대한 유산'을 만난다.

주말 아침 따뜻한 햇살과 사랑하는 가족을 위해 부엌에서 칼질하는 도마 소리가 행복하다. 눈총 받던 '피'가 알곡이 되고 황금 작물로 변신하는 순간이다.

바보 그 여자

여자가 현관문을 열고 들어선다. 무엇이 그리 죄스러운지 항상 구부린 자세다. 가진 것도, 구비한 것도 없어 굳이 겸허해야 할 이유도 없어 보이는 여자다. 사정이 그런데도 어깨를 한껏 좁히고 고개를 떨군 채 잔뜩 주눅이 들어 있다. 얼굴에는 비굴해 보이는 웃음을 한가득 날리며 눈은 정면을 향하지 못한다. 체구에 맞는 당당한 발자국 소리도 내지 못하고, 내 손가락이 향하는 쪽으로 미끄러지듯이 들어간다. 옷을 갈아입으라고 정해 준 방이다. 이 겨울날에 웬 여름 원피스 차림이란 말인가. 양말은 어디에 벗어던졌는지 또 맨발이다. 치렁거리는 저 원피스로 어떻게 일을 하려고……. 답답하기가 맹매기 콧구멍 같다.

"오늘은 유리창을 닦을까요?"

오늘이 이 여자가 우리 집에 일하러 온 지 꼭 여섯 달째 되는 날이건만 매일같이 처음처럼 똑같은 말을 되묻는다. 꼭 한 번씩 묻던 질문이고 매번 했던 대답인데 또 되풀이해야만 하는가. 무엇이 가슴에서 '후욱' 올라오는 것을 억누르며 말 대신 유리 세정제를 집어던지듯 건네며 짜증을 대신한다.

또 저런 표정이다. 여자는 아무 잘못한 것도 없이 미안해 한다. 도우미로 온다는 것은 혼자 할 수 없는 남의 힘든 일을 도와주는 일이지 않은가. 바보가 일한 만큼의 그리 많지 않은 보수를 받는데도 그녀는 항상 나의 눈치를 보느라 두리번거린다. 아직도 자기의 어떤 행동이 주인을 화나게 하는지를 알아차리지 못해 표정이 몹시 분주하다.

"아무래도 물걸레로 닦아야겠어요."

세정제를 뿌리고 신문지로 유리창을 닦는 것이 더 깨끗하다는 이야기를 또 설교해야 하나. 일주일 사이에 그녀의 기억은 말갛게 세탁되어진 것 같다. 마치 녹음이라도 해 놓은 것처럼 나는 똑같은 이야기를 한 차례 되풀이한다. 여자는 처음 듣는 듯한 표정으로 내 이야기에 고개를 끄덕인다. 이 문 저 문에 사다리를 부

덮쳐 가며 세정제를 뿌리고 신문지로 닦는 일을 되풀이한다. 지극히 정직하다. 내가 시키는 대로 입으로 복창하며 유리창을 쫓아다니는 그녀를 보며, 어지러운 세상에서 과연 이 여자가 언제까지 살아남을 수 있을까 하는 염려가 스쳐 간다.

여자가 청소기를 들고 나온다. 안방도, 건넌방도 비어 있는데, 내가 아침밥을 먹고 있는 식탁 밑으로 꾸역꾸역 청소기를 들이댄다. 핀잔을 주고 싶은 마음을 '꾹' 억누르며 손으로 안방을 가리킨다.

"안방 먼저 할까요?" 또 묻는다.

그제야 알아들었는지 전기선으로 청소기를 사정없이 끌어대며 다시 대꾸한다.

"커피는 언제 먹어요?"

밥을 먹고 나면 으레 커피 한 잔과 케이크 한 조각으로 나는 그녀를 대접해 왔다. 점심에는 사과 몇 조각과 색깔 고운 과일로 그녀의 갈증을 풀어 주었다. 커피와 과일을 먹는 동안 그녀의 입은 내 옆에 앉아 쉬지 않는다. 나쁜 친구 때문에 다단계에 들어가 거액을 날렸다는 이야기며 얼굴만 보고 결혼한 남편이 집을 팔아먹고 도망쳤다는 이야기를 꺼낸다. 그것도 친정아버지가 그

놈의 잘생긴 외모만 보고 결혼을 시킨 탓이라며 넋두리를 늘어놓는다. 이 이야기도 항상 처음처럼 들어 주어야 한다. 이 여자가 베푸는 커피 타임의 세트 메뉴이다.

여자를 보내 놓고 나는 출근길에 나선다. 오늘은 또 어떨까, 조마조마한 마음을 안고 직장으로 들어선다. 나에게 다가오는 관심의 화살을 방어하듯 잔뜩 구부린 자세이다. 많이 가진 것도, 높이 구비한 것도 없어 꼭 겸허해야 할 이유도 없는데, 어깨를 한껏 좁히고 고개를 떨군 채 잔뜩 주눅이 들어 있다. 마냥 자신 없어 보이는 웃음을 날리며, 눈은 항상 정면을 향하지 못하고 아래쪽으로 내리깔린다. 체구에 맞는 당당한 발자국 소리도 내지 못하고, 탈의실 쪽으로 미끄러지듯이 들어간다. 여럿이서, 혼자서는 할 수 없는 남의 힘든 일을 도와주는 일이지 않은가. 젊지 않은 사람이 일한 만큼의 그리 크지 않은 보수를 받는데도, 나는 항상 젊은 사람들의 눈치를 보느라 두리번거린다. 부탁할 일이 없어야 사람은 당당해지는 법인데, 나는 너무 도움 받을 일이 많아서이다.

"엑사드가 어디에 있죠?"

나이 어린 전산 아가씨에게 작은 소리로 묻는다. 얼마 전에 작업하면서도 이 아가씨한테 똑같은 질문을 한 기억이 있어서 목소리는 더욱 기어들어간다. 아가씨는 기계적으로 대답한다.

"H4에 있잖아요."

몇 주일 사이에 나의 기억은 말갛게 세탁되어진 것 같다. 다시는 그 아가씨에게 물어보는 일이 없어야겠다고 머릿속에 녹취해 놓았던 레코드가 어쩜 이리도 깨끗이 지워졌단 말인가. 언제까지 이 아이와 똑같은 질문과 대답을 되풀이해야 할 것인가.

'왜 집에서 편히 지내지 않고 나와서 일을 하겠다고 저 야단이지.'

아가씨의 표정에서 생략되어진 남은 이야기를 읽어낸다. 나는 처음 듣는 것 같은 표정으로 아가씨의 대답에 고개를 끄덕인다. 행동이나마, 늙어서 굼뜨다는 소리를 들을 수 없어 이 코-너 저 코-너로 구부러진 허리와 아픈 다리를 끌며 재빠르게 움직인다. 지극히 충직하다. 충직하다는 것은 창의성이 없는 사람에게 그림자처럼 따라다니는 세트 메뉴이다. 더 새로워질 수도, 더 발전될 내일을 기대할 수도 없는 사람의 유일한 방편이며 세상에 대한 변명이다. 이 어지러운 세상에서 과연 늙은 사람이 부지런함과 충직함만으로 언제까지 살아남을 수 있을까.

여기에 정신지체자가 보호 받지 못하고 소외되는 성숙하지 못한 사회가 있다. 늙었다는 이유만으로 모멸감 속에서 살아야 하는 문명의 미개지가 아직도 존재한다. 내가, 바보 그 여자를 끝내 해고시키지 못하는 이유는 바깥세상이 너무 추워서이다.

오늘도 여자는 똑같은 이야기를 나에게 묻고 있다.

"오늘 유리창 닦을까요?"

좋은 시절을 위하여

여자의 목소리는 낮고 무표정하다. 하얀 가운을 입고 마스크를 쓴 그녀의 손에는 그녀가 몇 년간 잘 정리해 온 리포트가 들려 있는 것이 보인다. 설명하고 있는 동안에도 들에 버려진 것처럼 나뒹구는 여러 구의 시체는 부패를 계속하는 중이다. 군데군데 들짐승의 이빨로 뜯겨진 것 같은 인대들이 불쑥불쑥 튀어나와 있다. 흡사 말라 버린 엉겅퀴 같다. 여자는 경과한 시간과 사체의 부패 정도에 대해 연구하는 법의학 박사이고, 그 방면에서 세계적인 권위자인 것 같다. TV는 한동안 칙칙거리더니 다시 설명하는 외국인 여자를 비춘다.

누가 이 처참한 광경을 보고 인간의 존엄을 이야기할 수 있겠는가. 남아 있는 몇 점의 부패한 살 속에는 살진 구더기가 사냥을 계속하고 있다. 깊게 파인 검은 눈과 하얗게 드러난 이빨이 그가 이렇게 누워 있기 전에는 사람이었음을 말해 줄 뿐이다.

TV는 다시 골프채를 메고 환하게 웃고 있던 생전의 그의 모습을 비춘다. 그 광경이 너무나 낯설고 생경하다. 그도 화를 내기도 하고 의사 표시를 했던 과거가 있었으리라.

꽃은 무슨 일로 피어서 쉬이 지고
풀은 어이하여 푸르는 듯 누르나니…

생의 덧없음을 길게 푸르지도, 오래 피어 있지도 못하는 화초에 비유한 고산孤山 윤선도의 시조가 뇌리를 스쳐 간다.

기러기 아빠로 살던 남편의 교통사고 소식을 접했다. 하늘과 땅의 교감이 없었던가. 혼자 외로이 인생을 하직했다. 살아 있는 동안 잠깐도 쉬지 못하고 열정적으로 일하던 남편이었다. 가족에 관한 일이라면 방어하는 데 자기 몸을 아끼지 않았던 그다. 자식들의 교육은 물론 사소한 가정사까지 참견하지 않으면 견디지 못하던 그런 사람도, 모든 것을 다 놓아 버리고 빈손으로 떠났다.

얼마나 멀리 바라보았기에 우리는 그렇게 무지한 계획을 세웠을까. 언젠가는 춥고 불편한 주택을 떠나 꼭 아파트에 한 번 살아보고 싶다고 늘 노래했었다. 우리의 꿈이 이루어지려면 절제와 근면만이 답이라고 늘 그렇게 생각했던 바보들이었다.

아름답다는 이승의 소풍이 끝나는 날…, 가서 아름다웠다고 말하기만 하면 그만인가. 굼벵이도 중생重生 되어 매미가 되고, 물밑 애벌레는 잠자리신이 되고, 눈도 코도 없던 알도 중생 되어 하늘을 나는 새신이 된다고 한다. "삼라만상이 텅 빈 것 같구나."라는 반야심경의 말이 가슴을 치고 파고들었다. 목줄마저 끊어낼 정도의 노랫소리로 짖어 보지만 시원치 않았다. 땅을 기면서, 구르면서 아픔 같은 허무를 견뎌내는 일만이 나에게 남겨졌을 뿐이다. 얼마나 더 좋은 시절을 갖겠다고 떨어져 살았는지, 무엇을 위해 그를 홀로 살다 가게 만들었는지 나에게 묻고 싶다. 그 역시 가족들과의 장밋빛 꿈을 꾸었으리라. 자식들의 미래를 키워주고 가족의 행복이 자기 손에 달려 있다고 그는 스스로를 위로했으리라. 더 좋은 시절을 위해서 지금의 그리움쯤은 참고 견디어야 한다고 생각했을지도 모르겠다.

'슬프다. 내 아들아, 나를 버리고 어디로 갔느냐. 하룻밤 지내

기가 일 년 같구나.'

이순신 장군도 풀과 같이 시들어 간 아들의 죽음 앞에서는 목 놓아 슬퍼하는 우리와 다름없는 아버지였다. 아돌프 히틀러도, 링컨도, 에디슨도 죽었다. 그들도 죽음을 앞에 두고 고통 속에서 절규하는 평범한 인간들이었다. 모든 날은 태어나기에 좋다. 그리고 모든 이에게 모든 날은 죽기에도 좋다.

우리는 내일이나 미래에 대해 결코 이야기하지 말았어야 했다.

사라진 것들은 모두 무생물이 되어 버린다. 손끝 하나 움직일 힘도 없는 무능한 존재일 수밖에 없다는 것을 우리는 안다. 그들이 존재했다는 것은 이제 우리들의 추억과 그리움 속을 거닐며 자리잡고 있을 뿐이다. 외로움도, 상처도 오래도록 들여다보면 그저 하나의 풍경이 되어 버리는가 보다.

여자의 설명은 계속되고 음악은 케니 로저스의 '좋은 시절을 위해서'가 조용히 흐르고 있다. 사체를 손으로 가리키기도 하고 만지기도 하는 동안 여자는 거의 표정이 없다. 감정 대신 배터리로 태어난 인형 같아 보인다. 처음도, 끝도 명료하고 차갑다. 자기도 언젠가는 같은 최후를 맞게 된다는 것을 잊어버린 듯하다.

눈에 보이는 처참함 대신 우리의 귀를 적셔 주는 음악은 달콤하고 감미로웠다.

우리도 정말 그랬었다. 꿈같은 시절, 어느 작은 나이트클럽에서 남편과 나도 이 음악에 맞춰 춤을 춘 적이 있다. 술과 음악 때문이었을까. 우리는 밤이 이슥하도록 들떠서 미래와 영원에 대해 얘기한 적이 있다. 더 좋은 시절을 갖기 위해서 오늘의 떨어져 있어야 하는 고통은 같이 참아 넘기자고 손가락을 걸었었다. 시간이 더 지난 다음에도, 바로 그곳에서 우리들의 꿈은 계속됐다. 아이들의 보장된 장래를 위해서 조금만 떨어져 살고 발등의 결핍을 참아내자고 약속했었다.

지금 그 약속은 어떻게 되었는가. 아직도 우리를 들뜨게 했던 그 음악에 맞춰 춤을 추고 있는 것인가. 무덤엔 생전에 했었던 그의 약속인 듯 앙상한 잡초만 남아 무심히 흔들리고 있을 뿐이다.

그날 우리의 영혼을 흔들었던 음악처럼, 지금 바람도 내 마음을 흔들고 있다.

민달팽이의 꿈

먼 옛날 달팽이들은 바다 속에서 살았었다. 그 중 호기심이 많은 몇몇의 콜럼버스 달팽이들이 새로운 대륙을 발견하게 되었다. 달팽이들은 살던 곳을 버리고 바다에서 땅으로 옮겨왔다. 먼 옛날 바다 속에서 살았던 기억 때문일까. 달팽이는 지금도 비 오는 날이면 그 옛날이 생각나서 밖으로 나와 본다.

처음 집을 장만할 때의 감격을 잊지 못하는 것일까, 두고 다니지 못할 만큼 세상이 어지러워서일까. 늘 저보다 큰 무게의 집을 이고 다니는 일이 달팽이의 삶이라고 생각해 왔다. 달팽이는 무거운 짐을 지고도 힘들다고 불평하지 않는다. 몸을 뉘일 집을 소유하고 있다는 여유 때문이리라.

창문을 여니 매서운 가을비가 들이친다. 코끝으로 다가오는 차가운 빗물 맛이 고추처럼 맵다. 화분을 안으로 들여놓다가 발밑을 보고 흠칫 놀랐다. 이 추위에 알몸이라니. 온몸이 밖으로 다 들어나 있는 매끄러운 한 물체가 조용히 움직이고 있는 것이 눈에 띈다. 얼핏 보아도 몸이 온전치 않은 것 같다.

가엾다기보다는 다시 보고 싶지 않아 고개가 돌려진다. 나는 단 한 번도 불구를 가진 사람이거나 장애가 있는 사람을 나와 다르다고 생각해 보지 않았다. 내 자신을 한번도 따뜻한 눈으로 사랑해 보지 못한 인색한 마음 씀씀이로 살아왔고, 평생을 결핍이라는 정신적인 공황에 시달려 왔다. 남이 다 가는 길을 가면서도 나의 삶이 더 질퍽거리고 절뚝거리며 살아온 것을 안다. 남보다 힘겨운 삶이 장애인의 아픔이라면, 나의 길도 마취제 없이는 참기 힘든 통증으로 점철되어 왔다. 집 없는 달팽이는 무슨 의미일까. 자기의 부끄러운 부분을 숨기고 싶어 하고 늘 남과 비교하는 것이 인간이다. 남과 겨루는 시합마다 일어서기가 어려울 정도로 힘없이 나가떨어지고, 마음속으로 판정패하면서 늘 괴로워하던 나였다. 집 없는 달팽이는 자신의 가장 약한 부분을 모두 다 밖으로 서슴없이 내보인다. 몇 번이나 쓰러지고 일어나기를 거듭해 온 달팽이.

고개를 돌려 오래된 친구를 보는 것 같은 마음으로 그를 대한다.

내가 보고 있는 이 연체동물은 분명히 달팽이의 얼굴이다. 머리엔 V자의 안테나도 있다. 너무 보드라워 상처를 입을 것 같은 몸뚱이와 꼬리만 있고, 정작 몸을 뉘일 집이 없다. 앞은 달팽이인데 뒷부분은 지렁이다. 옷도 없고 보호막도 없는 엷디엷은 살로 갈 곳을 잃고 이리저리 헤매고 있다. 달팽이는 추위에 비교적 강한 연체동물이라고 하지만, 알몸의 달팽이에겐 바깥 날씨는 너무 가혹하다. 얼마나 오랫동안 추위에 내던져저 있었으면 맨몸으로 추위를 견디는 선수가 되었을까.

아침에 주인 아줌마가 다녀갔다. 며칠 전부터 전세를 월세로 바꿔 생활비에 보태겠다고 했다. 오래된 집이라 수도관이 터져서 몇 번씩이나 공사를 하고, 일을 하는 동안 먼지 구덩이가 된 마루를 청소하느라 힘들었어도 우리는 말 한마디 할 수 없었다. 며칠씩 수도 물도 못 쓰고 보일러도 틀지 못해서 추위에 떨면서도 참을 수밖에 없었다. 말 한 번 건네지 않았어도 우리는 서로 인식하고 있었다. 물론 혼자가 되면 아무도 모르게 서로 울었다. 지하실에서 하루 종일 물을 퍼내듯, 마음의 우울함도 퍼낼 수 있었으면 좋았으련만, 상황은 점점 무거워져 가기만 했다. 하루에 두 번씩 복덕방에서 방을 보러 오더니만 월세가 싫으면 아예 집을 비우란다. 결국 우리는 월세로 바꿔서 몇 달만 더 살기로 했다. 전셋집 구할 큰돈도 없고, 몇 년 간 살면서 짐이 너무 많아져서 사실 이사 가는 것도 엄두가 나지 않았다. 월세는 못 산다고 주인아줌마한테 버럭거리기도 했는데, 어제 조용히 부동산 가서 계약서 다시 쓰겠다고 말하고 왔다. 달리 아무런 방법이 없었다. 지금 전세 계약이 끝나면 이제 우리는 계약 기간 다 못 채우고 내년 봄에는 이사 가게 될 것이다. 애들이랑 다투면서 방을 깔끔하게 고쳤는데 괜한 고생을 한 것 같다.

세상은 또 한 고비 한 고비 넘고 / 잠이 오지 않는다. / 꿈결에도 식은땀이 등을 적신다. / 몸부림치다 와 닿는 / 둘째 놈 애린 손끝이 천근으로 아프다 / …… / 달아오른 불덩어리 / 초라한 몸 가릴 방 한 칸이 / 망망 천지에 없단 말이냐 / 웅크리고 잠든 아내의 등에 얼굴을 대본다. / 밖에는 바람소리 사정없고 / 며칠 후면 남이 누울 방바닥 / 잠이 오지 않는다(김사인 님의 '지상의 방 한 칸' 중에서).

어떤 사람들은 집이란 단지 비바람을 막는 곳이라 말한다. 다른 사람은 잠만 자고 나오는 곳이라 웃으며 말한다. 달랑 손에 들고 있는 돈은 방 한 칸 얻기도 너무 가볍다. 우리에게 집은 방이 여러 칸 있고 식당과 목욕탕이 있는 너른 공간이 아니다. 식구들이란 나란히 한쪽 방향으로 머리를 두고 있는 콩나물시루에 촘촘히 박힌 콩나물에 지나지 않는다. 몸을 누일 방 한 칸을 얻기 위해 이리저리 복덕방을 뒤지고 다녀 본 사람, 낯선 거리와 찬바람이 몰아치는 골목을 누벼야만 했던 사람에게는 너무나 사치스런 말이다. 웃음이 떠도는 방을 먼 곳에서 비죽이 들여다보고, 그 아늑하고 훈훈한 공기와의 괴리에 마음이 더욱 얼어붙는 경험을 해 보지 못한 사람은 말할 자격이 없다. 이사 가고 남은 휑한 빈방에서 과연 여기서 사람이 살았을까 싶은 참담함을 느껴 보지 못한 사람은 절대로 알아낼 수 없다. 피곤한 우리 다섯 식구의 몸을 눕힐 작은 방을 찾지 못해 약육강식의 정글 같은 사회를 향해 얼마나 눈물을 뿌렸던가.

남들이 다 가버리고 난 빈 들에서, 단 한 칸짜리 방도 없이, 맹목적으로 기어가야만 하는 알몸의 달팽이가 남 같지 않아 더 서럽다.

추위는 점점 심해 오고 거리는 물기 없이 더욱 삭막해진다. 보호해 줄 지붕 하나 없는 이 민달팽이는 아픈 마찰과 부끄러운 알몸으로, 추위와 메마른 날씨를 견뎌야만 한다. 앞과 뒤가 훤히 드러나 보이고 몸을 숨길 만한 실오라기조차 걸치지 못한 이름만의 달팽이는 삶이 힘들고 희망이 없다. 자기의 소박한 꿈이 안개처럼 사라져 버릴 것만 같아 절망한다. 튼튼한 패각shell을 가지려는 꿈은 점점 멀어져만 간다. 언제 이 작은 화분과 손바닥만 한 흙덩어리를 떠나, 어머니 같은 대지의 품속으로 돌아가 안길 수 있을까. 끝없는 헛손질로 끝나고 말 것인가. 눈앞이 흐려 오는가 했더니 아득한 하늘에서 비에 섞인 눈발이 흩날린다. 피로한 몸을 뉘일 집 한 채 등에 지고 싶은 소망이 가엾은 달팽이에게는 과분한 것일까.

육지에서의 이민생활이 고달픈 달팽이는 옛날 생각에 아직도 비만 오면 밖으로 나와 본다. 지금도 바다가 부르는 소리가 귀에 들린다.

바이올린과의 사랑

타르티니의 바이올린 소나타에 '악마의 트릴'이라는 작품이 있다. 바이올린 기교를 익히는 데 온 정신이 팔려 있던 어느 날 밤, 그는 꿈속에서 악마를 만나 영혼을 팔고 레슨을 받게 된다. 꿈에서 깨어난 뒤 그 곡이 너무 아름다워 기억을 더듬어 작곡한 곡이 '악마의 트릴'이다.

바이올린이란 작은 악기이다. 그 작은 몸통에서 어떻게 그런 강렬한 음악이 터져 나오는 것일까. 몸집은 작지만 가장 넓은 범위의 음역을 넘나든다. 크기가 작기 때문에 화려하고 빠른 패시지를 보다 날렵하고 정확하게 노래할 수 있다. 한번 신비로움에 빠져들면 누구나 쉽게 영혼을 팔아버릴 수밖에 없게 된다.

사랑이란 비밀스런 것이며 또 둘만의 것이다. 그러나 둘이만 간직하고 있기에는 가슴이 터져 버릴 것 같은 기쁨인 것을, 그 자연스런 욕구를 어떻게 거역하겠는가. 그래서 나의 사랑 이야기를 조금만 들춰내기로 하겠다.

일곱 살 때 늦가을인 것 같다. 내가 바이올린을 만나게 된 것은. 두 쌍의 날개가 있는 귀뚜라미가 바깥쪽 날개를 악기로 쓰는 것을 발견하고 놀랐다. 오른쪽 날개의 밑면에는 까칠까칠한 줄이, 왼쪽 날개의 윗면에는 오돌토돌한 돌기가 붙어 있었다. 아버지가 가끔 연주하시는 영락없는 바이올린의 구조였다. 이 줄과 돌기를 비비면서 귀뚜라미의 가을 세레나데가 시작된다.

아버지를 졸라 바이올린을 갖게 되었다. 활로 현을 마찰시켜서 귀뚜라미가 그러듯이 나의 노래를 연주하고 싶었다. 천주교에서 경영하는 사립학교를 다녔기 때문에 여러 가지 특별활동을 할 기회가 많이 주어진 것도 이유가 되었겠지만, 아마도 아버지의 영향이 컸으리라고 본다.

아버지는 지주의 아들이었고 성격이 낭만적이어서 늘 책과 음악을 가까이 하셨다. 틈만 나면 여러 종류의 악기를 일본에서 사 가지고 오셨다. 특히 바이올린과 피아노를 좋아하셔서 웬만한 연습곡 같은 것은 귀에 익어 있었다.

초등학교에서 방과 후에 특별활동으로 잠깐 배웠으나 나는 몸이 힘들다는 이유로 바이올린과의 사랑을 그만두게 된다. 실수할 때마다 머리로 날아오던 둥근 구슬이 달린 막대기와 선생님의 엄격한 얼굴이 사랑을 멀리하게 된 제일 큰 방해꾼이었던 것 같다. 지금 그때 일을 생각해 보면 시간만 나면 애꿎게 칠해대던 송진뿐, 귀뚜라미처럼 최고의 바이올리니스트가 되어 사랑과 가을을 노래하려던 꿈은 일단 접었다.

그 후 사춘기가 되어 음악을 좀 듣다 보니 바이올린을 또 만나고 싶어졌다. 허지만 입시를 앞둔 고등학교 시절에 바이올린을 찾는다는 게 쉬운 일은 아니었다. 교실에서 같이 공부하다가 화장실만 다녀와도 성적이 차이가 나 버리는 경쟁대열에서 한가로이 바이올린을 찾기는 정말 어려운 일이었다. 어려운 만큼 그리움도 컸다.

인생에서 가장 어렵고 힘들었던 고등학교 삼학년 시절을 보내고 대학 입시를 치룬 다음, 나는 본격적인 사랑에 들어가게 되었다. 만나고 싶은 사람은 꼭 만나지듯이, 자연스레 바이올린과의 밀회가 시작된다. 오랜 동안의 기다림 끝에 만난 사랑이어서 우리는 서로 좀처럼 손을 놓을 수가 없었다.

네 명이나 같이 거처하는 기숙사 방에서 연습을 시작하게 되었다. 사랑은 은밀한 곳에서 하지 않으면 여러 사람의 시기를 받는 법이다. 하루는 옆방 사람이 찾아오더니 취미도 좋지만 너무 듣기 괴롭다고 하소연해 왔다. 내심 섭섭하였다. 위로라도 받을 겸 평소에 나를 잘 이해해 주던 방장에게 그 이야기를 했다. 헌데 웬걸, 자기도 너무 괴롭다며 방안에서 바이올린 연주는 좀 참아 달라고 한다.

사실 그 사람들의 말을 이해할 수 없는 것은 아니었다. 조율도 잘 되지 않은 채, 음정 박자도 무시하고 마구 휘둘러댔으니 말이다. 하지만 당시 나로서는 너무 난감했다. 바이올린을 호젓이 만날 수 있는 나 혼자만의 공간이 없었기 때문이다.

사랑은 사랑으로 인해 어떤 고통을 겪는다 해도 사랑 자체로 행복한 것이다. 용감하게 기숙사 뒷산에 올라 보면대를 펼쳐 놓았다. 막상 연습을 하려고 하니, 이른 아침임에도 불구하고 너무나 많은 사람들이 왕래했다. 궁리 끝에 음대 강의실을 생각해 냈다. 막상 음대 강의실로 가보니 문을 열어 놓는 때도 있었지만 거의 매일 닫혀 있었다.

복도에서 펴놓고 연습할 수도 없고. 결국 화장실에서 연습하기로 결정을 내렸다. 대학 변소니까 더럽지도 않았고 또한 공명이 잘 되어서 연습하는 장소로 좋았다. 그러던 어느 날 변소에서 막 연습을 하고 있는데 '똑 똑' 노크 소리가 들려왔다. 이 아침에 누군가 싶어 의아한 채 '예' 하고 대답을 했다.

한 중년 신사가 들어오더니만 왜 이곳에서 바이올린을 하느냐고 물었다. 나에게서 사정을 묻고 들어 주신 분은 음대 교수님이셨다. 자기는 음악하는 사람을 사랑한다고 하시면서 연습실 열쇠를 나에게 건네주셨다. 아침마다 화장실에서 바이올린 소리가 들려 이상하게 생각했다며 꼭 만나고 싶었다고 말씀하셨다.

그 후로 나는 너무 행복하게 연습을 계속할 수 있었다.
바이올린과의 사랑이라!
이런 말을 하면 내가 바이올린을 잘 켜는 사람처럼 들리겠지만, 예나 지금이나 나는 바이올린으로 사람들을 괴롭히고 있다. 싸우고 다투고 울고 웃기를 반복하면서 바이올린과의 사랑은 깊어 갔다.

어머니가 아기를 보살피듯 조율하고 브리지를 조정하고 어깨 받침, 턱받침을 고정하여 새로운 생명을 불어넣는 것이 바이올린이다. 활의 줄감개를 조정하여 줄을 잡아당기고, 사랑하는 사람을 애무하듯 송진을 발라 주어야 한다. 그 다음 연인이 사랑을 속삭이듯 비브라토로 음을 떨리게도 하고 피치카토를 하여 손으로 뜅기기도 하고 활을 튕기기도 한다.

바이올린과 많은 시간을 가질수록 그 음은 더욱 아름다워지고 깊이 있는 사랑에 빠지지 않을 수 없으리라고 생각한다.

나는 가끔 나에게 열 개의 손가락을 허락해 주신 하느님께 감사한다.

그와의 오래고 깊은 사랑으로 파가니니의 '라 캄파넬라'나 베토벤의 '크로이첼 소나타'를 연주하는 나를 생각해 본다.

결코 이루어질 수 없는 사랑이지만 그래도 나는 바이올린에 사랑을 걸었다.

그리워서 부르는 노래

온다던 소식 오지 않고 고지서만 쌓이는 날

배고픈 우체통이

온종일 입 벌리고 빨갛게 서 있는 날

길에 나가 벌 받는 사람처럼 그대를 기다리네.

    <중략>

외롭지 않고 지치지 않고 걸을 수 있는 날이 얼마나 남았을까.

바라보기만 해도 가슴 따뜻한 그런

사랑할 날이 얼마나 남았을까.

                  ― 김재진 시인의 '사랑할 날이 얼마나 남았을까'

어릴 때 나는 하루 일과를 거의 바다에서 보냈다. 조수 간만의 차이가 심한 서해안에서는 특히 사리 때를 조심해야 한다. 큰 바다는 물이 빠져나가고 보면 수백 미터 앞까지 구불구불한 포물선이 그려진 모래바닥이 드러난다. 호미로 모래를 몇 번 파헤치기만 해도 쉽게 조개를 잡을 수 있고 작은 바위 밑을 들추면 달랑게를 만날 수도 있다. 예쁜 줄무늬가 있고 바닷물에 씻겨 반짝이는 조개에 자꾸자꾸 입맞추며, 입술 가득 묻은 모래를 개의치 않았다. 싱그러운 바다 내음새도 들이마셨다. 모래를 헤치기만 하면 한 움큼씩 잡혀 올라오는 조개 덕분에 시간 가는 줄 몰랐다. 가지고 온 구럭이 거의 다 차서 달랑게들이 탈출을 시도할 만한 높이까지 차올랐는데도, 나의 손길은 멈출 줄 몰랐다. 진흙과 모래와 조개만 들여다보다 주위를 둘러보니, 어느새 밀려왔는지 바닷물이 나를 둘러싸고 있었다. 내가 있는 곳만 빼고 주위는 허리 높이만큼 물이 차 있었다. 바닷물이 나를 위협하며 으르렁거리는 데도 나는 까맣게 몰랐다. 과연 덮쳐 오는 물살을 헤치며 내가 살아나갈 수 있을까.

불가佛家에서는 사랑에 빠지는 마음도 고뇌이고 업業이라고 말한다. 고뇌인 줄 알면서도 빠져드는 건 너무 좋아해서 사람의 눈과 뇌가 어두워지기 때문이라는 것이다. 서로 사랑하면서 얻는 즐거움이 쉽게 고뇌로 바뀐다는 것을 잠깐 망각하기에 사랑과 고뇌가 인간 세상에서 끝없이 반복된다. 사랑이 주는 달콤함 때문에, 정을 줄 곳이 없어 방황하는 영혼들이 있어 이 어리석은 놀이는 되풀이된다. 그래서 사랑과 고뇌가 짝이 되어 생명의 칼춤을 추며 인간을 겨누는 것이다.

처음 만난 내 사랑의 정의는 그저 달콤하기만 한 것이었다. 사랑은 영원히 끝나지 않고 많이 아름다워서, 그 열매가 얼마나 쓰고 아프다는 것을 알려고 하지 않았다. 이 세상의 주인공은 나와 그 사람이고 모든 것들이 우릴 위해 존재하는 것처럼 느껴졌다. 승리에 도취해 마약처럼 그 단맛에 빠져들어 가는 나를 의식하지 못했다. 사랑이 얼마나 순간적인 감정이고 때로는 쉽게 배반을 저지르는 속성이 있는 것인 줄을, 끝까지 가 보고서야 비로소 알게 되었다. 눈물로 터득한 가르침이다.

하루 종일 그 아이만 생각했다. 나를 쳐다보던 그의 눈빛에서 사랑을 확인하고 그의 티 없는 웃음, 무심코 건네는 손짓 하나에도 다 의미를 부여했다. 그가 별다른 생각 없이 찍어 보내 온 코스모스, 언제나 누구든 볼 수 있는 파란 하늘과 구름에도 가슴이 설레곤 했다. 아무에게나 인사말로 할 수 있는 '보고 싶다'라는 말에도 밤늦게까지 행복해서 잠을 이루지 못했다. 내 말이면 그가 다 들어주고 그도 나처럼 내 생각으로 밤잠을 설칠 것이라고 생각했다. 이렇게 촘촘하게 짜여진 형체 없는 그물로 꽁꽁 묶인 상태에 있으면서도 나는 내가 그로부터 언제든지 멀리 떠날 수 있으며 너무도 자유스러운 존재인 줄로 착각했다. 그가 없이는 하루가 온통 적막해지고 한순간이라도 나에게 관심을 주지 않으면 그날은 안절부절못했다. 끊임없이 그는 나에게 인생의 의미를 새로이 조각해 주었다. 그의 한마디가 나의 심장에 칼을 꽂기도 하고 새로운 생명을 불어넣기도 했다. 나는 그가 없이는 한 발자국 내디딜 수도 없게 되었고, 차츰 더해지는 사랑의 갈증으로 점점 많은 시간을 애태워야만 했다.

달콤한 사랑에 빠져 있던 나에게 그 녀석은 한동안 바빠서 연락이 힘들 것 같다고 말했다. 모처럼 같이 마주 앉아 쳐다보는 그 아이의 얼굴은 옛날의 그가 아니었다. 건드리지 않고 놓아 둔 두 개의 찻잔은 두 사람의 사랑처럼 싸늘하게 식어 버린 채, 관심에서 벗어나 있었다. 건드리지도 않고 놓아 둔 커피도, 그 녀석도 타인처럼 낯설기만 했다. 사랑한다는 말에 뜬눈으로 지새운 밤이 바로 어제 같은데 내 머리카락을 쓰다듬던 그 다정함은 정말 신기루처럼 사라져 버렸단 말인가. 그가 나에게 힘주어 말한 낱말 하나하나가 아직도 내 머릿속에 뚜렷한데, 그의 뜨거웠던 눈길이 아직도 내 가슴속에서 꺼지지 않고 타오르는데 그 아이만 이 자리에 없다.

고개를 들어 정신을 차려 보니, 나는 바닷물에 겹겹이 둘러싸여 있었다. 탈출할 길은 안개 속에 묻혀 보이지 않고 나의 생각과 의지는 완전히 길을 잃어 버렸다. 이미 나를 아무것도 들을 수도, 볼 수도 없는 장애인으로 만들어 놓고 그는 홀연히 가버린 것이다.

한동안 생활만 있고 꿈은 아주 저 멀리 가버렸다.

나는 호흡만 있고 심장은 가슴속에 존재하지 않았다. 심장이 아주 멈춰 버린 것은 아닐까 싶어 왼쪽 가슴 위를 확인해 본 적도 있다. 가슴이 뛰는 일은 일어나지도, 일어날 수도 없었다. 생존에 필요한 만큼만 뛰고 그 이상은 필요 없는 낭비라고 생각했으니까.

한 남자의 여인이 된 후로는 감상에 젖는 일을 죄악시하고, 할 일 없는 자들의 소모적인 일상이라 스스로 멀리해 온 탓이리라.

가슴이 뛰지 않자 점점 체온이 내려가고 자신이 서서히 식어 가는 것을 느낄 수 있었다. 누구보다도 뜨거운 가슴이었는데, 언제 이렇게 얼어버렸을까. 잠시 멈췄다가 필요할 때 두드리면 다시 뛰어 주리라 여겼었다. 그런데 그 뒤로는 웬만한 일을 보아도 내 심장은 설레지도, 쿵쿵 뛰어주지도 않았다. '용불용설用不用說'을 증명이라도 하려는 듯, 매사가 시큰둥하고 웬만큼 잔잔한 일은 무시하고 넘어가려 했다. 일어나는 모든 일들을 거만하게 내려다볼 줄만 알았지, 같이 참여하겠다는 생각은 잊어버린 듯했다. 심장이 할 일 중에서 '심쿵'이란 메뉴는 아예 삭제해 버린 것이 아닐까.

온다던 소식은 오지 않고 애꿎은 고지서만 쌓이는 날, 나는 배고픈 우체통이 되어 무연히 입을 벌린 채 빨갛게 서 있다. 할 수만 있다면 오늘도 길에 나가 벌 받는 아이처럼 누군가를 기다리고 싶다. 사랑과 갈증으로 입이 마르도록 애태우던 기억은 이제 다시는 되돌릴 수 없는 것일까. 까닭 없이 자꾸 눈물만 흐른다. 사랑이 고뇌이고 업業이라고 하지만 다시 한 번 그런 맹목적인 고통에 빠져들고 싶다.

가슴 시리도록 외로워지는 가을, 하염없이 먼 하늘만 쳐다본다.

노을이 지던 날

봄비인가 겨울비인가. 바깥 날씨는 영하를 맴도는데 봄은 예고 없이 찾아오는 손님처럼 그렇게 들이닥친다. 하기야 순서가 무슨 문제이겠는가. 비가 먼저 내리고 봄은 그 뒤를 따르려나 보다.

작년 이맘때는 동백꽃, 감자난초, 금낭화가 동시에 꽃을 터뜨리는 바람에 진공처럼 적막하던 우리 집이 모처럼의 표정을 가져 보았다.

예사롭지 않음을 예고하기 위함이던가. 한 치 앞도 내다보지 못하는 어리석은 우리들은 꽃이 피는 것만 마냥 즐거워했다. 마치 한꺼번에 터뜨리는 기자들의 플래시처럼, 밤하늘에 명멸하는 별무리처럼 눈이 부시도록 함께 달려들었다. 작년 그 날엔 절기를 가늠하지 못하도록 큰 장대비가 쏟아졌다. 그리고 그 비는 내가 가장 사랑하는 사람을 보쌈하듯 휘말아 데려가 버렸다.

그가 간 날, 그날도 그랬고 지금도 똑같이 비가 내리고 있다. 축축한 날씨 때문인지 슬픔은 가슴 속으로 익숙하게 파고들고, 그날과 똑같은 크기로 통증이 가슴 한복판을 밀고 들어온다. 누가 그랬던가, 사랑의 추억은 신경통과 같아서 비만 오면 도진다고.

세찬 빗줄기 사이를 뚫고 핏빛으로 물든 그날의 내 울음소리가 아직도 귀에 쟁쟁하다. 땅을 치고 몸을 흔들어 보며 죽음을 인정하고 싶지 않아 허공에 그려대던 나의 헛손질이 가없이 막막하다. 그날의 뜨거운 전율 같은 슬픔이 내 몸을 휩싸듯 훑고 지나가 버린다.

울음은 여유로운 사람의 기나긴 노래다. 가슴속 깊은 곳에서부터 차오르는 슬픔은 차곡차곡 내 숨을 닫아 버리더니 짧은 순간 나를 질식시키며 덮쳐 온다.

사고 소식을 전해 들은 것은 운명한 지 서너 시간이 지난 후였다. 벌써 사체를 수습해서인지 교통사고로 인한 고통스런 흔적과 사건의 처절함을 증명해 줄 핏자국은 전혀 남아 있지 않았다. 눈앞이 흐려오고 나를 지탱해 주고 있던 질긴 정신력은 잠시 자리를 비운 것 같았다. 세상에, 이럴 수도 있나……. 정말 인정할 수 없어 소리조차 내지를 수 없었다.

묘지가 있는 곳도 아닌데 굳이 구룡포 앞바다로 가기로 했다. 특별히 강의가 없는 날이면 그는 늘 그곳에 파묻혀 살았다. 바다를 좋아하던 그는 해변에 작은 아파트를 준비해 놓고 창밖에 이웃하고 있는 갈매기와 파도소리를 사랑하며 살았다. 끝없이 주고도 말이 없는 바다와, 한없이 자유로운 갯바람과, 무한대로 펼쳐진 흰모래 벌판이 좋았을 것이다. 한 고비 넘기면 또 한 고비가 다가오고 무수히 달려오다 깨어지는 파도를 보고 인생의 의미를 다시 새기려 했는지도 모른다. 슬플 때도 기쁠 때도 그는 어머니 품처럼 바다로 달려가 안겼다.

모래 위에다 자루 속의 물건들을 차례로 펼쳐 놓았다. '누구누구의 유품'이라고 병원에서 싸 보낸 물건들이다. 어제 그가 평소에 즐겨 앉아 있던 안락의자 위에서 하룻밤을 보내고, 오늘은 좋아하던 바다로 나들이 나온 셈이다. 피 묻은 손지갑, 벨트, 넥타이, 찢겨진 양말 위에 석유가 뿌려졌다. 바람은 아직 차고 매섭다. 불꽃은 일렁일렁 바람을 타고 잘도 달린다. 검은색, 붉은색으로 너울너울 춤추는 불길과 눈물인지 빗물인지 모를 액체와, 비명처럼 들리는 파도와 바람소리가 한데 어울려 울부짖듯 흔들거렸다.

검은색 꽃잎처럼 흩날리는 그의 넋 위에 마지막 옷 몇 점을 더 던져 넣는다. 다시 석유를 붓는다. '타다닥 타다닥' 소리를 내면서 불꽃은 슬픈 듯이 다시 이리저리 흔들린다. 아무 말도 못하고 떠날 수밖에 없는 그가 우리들에 대해 여러 가지 남은 얘기를 하고 싶어하는 것 같다. 검게 타버린 그의 분신처럼 안타까운 그의 마음을 드러내 보이고 있는지도 모른다. 때론 격정적으로 얘기하기도 하고, 때론 힘이 부치는 듯 작은 소리로 속삭이는 것 같기도 하다. 잠시 침묵처럼 긴 정적이 흐른다.

그의 영혼이 갈 길을 찾았는가.

하얀 물새가 우리들 머리 위를 몇 번 선회하다가 수평선 저쪽 바다 끝으로 날아가 버린다. 나비가 유충으로 태어나 껍질을 벗어 던지듯, 그가 일생을 힘겹게 끝마치고 기화하는 순간이다. 그는 이제 인생의 무게 같은 것은 느끼지 않으리라.

그를 혼자 남겨 놓고 떠나가도 되겠지. 바다가 곁에서 지켜 줄 테니까.

외롭지도 않을 거야. 흰모래 위에 가득히 새겨진 우리들과의 추억이 있을 테니까.

어느덧 수평선 저 너머로 붉은 노을이 내리고 있다.

순환버스 3

세상은 빛과 어둠. 이렇게 두 개의 세계로 나뉜다. 어둠은 빛을 덮으려 하고 빛은 어둠을 밝히려 한다.

어둠이 지배하는 밤과의 만남은 나 혼자만이 누릴 수 있는 숨겨진 대안이다. 자유의 공기로 눈이 빛나고 심장이 뛰며, 온몸의 세포가 팽팽하게 생기를 머금는다. 몸이 차가워지는 별밤의 무관심과 숨을 빨아들일 것 같은 밤공기의 적막을 맛본 사람은 그 서늘함을 잊지 못한다.

짐을 부리듯 지친 몸을 버스에 싣는다. 밤 열 시를 넘긴 시간이다. '순환버스 3'은 형형색색 삶의 피로를 끌어안은 채 밤공기를 가르며 달린다. 욕지거리에 경련이 오듯, 몸을 뒤트는 것 같은 라디오의 음악은 막바지의 우리네 고달픈 삶을 그대로 그려낸다.

순환버스 3.

지구는 태양의 둘레를 돌고 달은 그 지구 주변을 돌고 있다. 누이 눈썹처럼 예쁜 초승달이 되었다가 얼마 뒤면 아이들 동요에 나오는 반달이 되고, 새벽이슬이 사라지고 나면 아침 해가 뜨고 또 저녁별이 떠오른다. 세상의 물이 흡수되고 증발되며 순환 작용을 되풀이하듯, 우리네 삶도 순환의 테두리 속에서 원을 그리며 돌고 있다.

'별밤'의 시그널 뮤직이 들린다. 프랑크 푸르셀의 청량한 멜로디가 지친 어깨 위를 맴돌면서 상처 입은 영혼들을 어루만져 준다. 마술쟁이의 손끝처럼 무겁게 짓누르는 피로를 한 겹 한 겹 거두어 간다.

비로소 시월의 싸늘한 밤공기가 코끝을 상쾌하게 쏜다. 우르르 승객들이 올라탄다. 버스표 대신 날카로운 전자음이 영혼을 쓰다듬는 음악처럼 경쾌하다.

'환승입니다'라는 녹음소리가 연거푸 귀를 난타한다.

"모두들 무덤에서 다시 나오게 생겼어."

운전사와 앞자리의 아줌마가 '환승'을 경험해 보지 못하고 죽은 사람들에 대해서 얘기를 나눈다. 한 번의 승차로 끝나지 않는 환승객이 기사에겐 그리 달갑지만은 않을 것 같다. '순환버스 3'에서는 다시 살아 돌아오는 환승객이 '윤회'로 들린다.

나를 세워 놓고 노약자석을 차지하고 있는 남자아이 하나가 아까부터 계속 핸드폰을 들고 작은 목소리로 누구와 얘기를 나누는 중이다. 몹시 심각한 표정인 걸 보면 노인을 앞에 세워 둔데 대한 의식은 전혀 없는 모양이다. 여자 친구와의 일이 잘 풀리지 않거나 공략하기 어려운 대상을 향하여 열 번 찍는 도끼질을 하고 있는 것 같다. '그래, 너희들 나이엔 그런 일도 심각하겠지.'

사실 어려운 대상을 택하여 언젠가 이해받기를 기다리는 것은 그 아이나 나나 입장이 다를 바 없다. 경주마는 더 빠른 스피드와 탁월한 능력이 검증되어야만 생존경쟁의 레이스에 참여할 수 있다. 나이를 뛰어넘어 젊은 사람과 어깨를 겨루겠다고 몸부림쳐 보는 나에게, 그들이 쉽게 이해해 주리라는 기대는 끝이 보이지 않는 도끼질인 것 같다. 좀 더 잘해 보려는 무조건의 노력이, 그들에게는 오히려 나의 약점이 되어 비추어지는 게 현실이 아닌

가. 그런 상황 앞에서 진실은 정말 거짓보다 빠른 길인가 다시금 고뇌해 보게 된다. 망치도 없이 작은 바늘로 큰 얼음덩어리를 깰 수 있을까. 빗방울이 그의 몸을 던지는 희생으로 정녕 바위에 구멍을 뚫을 수 있을까. 그것은 몇 겹의 세월이 흐른 후에야 내가 아닌 다른 자들에 의해 비로소 확인이 가능한 이야기일 뿐이다.

삶은 왜 이리 고단한 것일까. 입에서 단내가 나도록 열심히 살고 있는데 언제나 그 자리인 관계와 관계들, 그리고 우리네 살림살이.

단돈 몇 푼 내고 올라탄 버스 안은 무척이나 안락하다. 웃는 얼굴조차도 긴장을 불러오는 오너의 얼굴도 없고, 직원들끼리의 팽팽한 대결도 없다. 말하고 싶지 않은 사람들과 웃으면서 말을 섞지 않아도 되고, 다른 직원들 사이에서 선택을 당하지 않아도 좋다. 나를 외면하고 지나가는 고객에 대해서, 나에게 무엇이 부족한지를 생각해 보지 않아도 그만이다. 이 순간이야말로 똑같은 세상과 권리가 배분되어지는 시간이 아닌가.

자기 집이 몇 백 평이나 된다고 자랑하면서도, 몇 만 원도 안 되는 외상값을 지고 있는 아줌마도 버스 속에서 졸고 있다. 시장 바구니 속 비닐로 쌓인 몇 꾸러미의 장보기 물건들이 보인다. 입구 쪽 앞자리엔 반찬가게 아줌마가, 사람들이 드나드는 것에 무신경한 채로 손잡이 위에 다리를 올리고 앉아 있다. 짱구 같은 그림이 그려진 양말이 나이에 어울리지 않는다. 스러지듯 눈을 감고 있던 아줌마는 허리에 두른 앞치마에서 연필과 수첩을 꺼낸다. 꼬깃꼬깃한 천 원짜리 지폐들이, 몇 번이고 침을 바르면서 세어 보는 아줌마의 손길로 제 모양들을 찾아간다.

인생을 살아가는 우리의 모습은 나그네와 같다고 했다. 인생이라는 여행길에서 우리가 만나는 어려운 일들이 어디 한두 가지일까. 차창 밖으로 달리듯 버려지는 시간 속에서, 적어도 다가올 미래는 지금보다 덜 쓰라리기를 바라며, 여행길의 외로움을 견뎌 낸다. 충돌 사고를 당했을 때 차가 얼마나 잘 찌그러지느냐가 운전자의 안전을 좌우한다고 들었다. 차가 찌그러지면서 운전자가 받을 수 있는 충격을 그만큼 덜어 주기 때문이란다. 그래, 견디기 힘든 고단할 때는 몇 번이고 꺾여 주고 장애물에 걸려 나동그라지자. 쓰러지고 지친 손에만 비로소 하늘은 파란 별을 주워 담을 수 있는 행운을 허락하니까.

여행길에 나무가 있다면 몸과 영혼에 휴식을 취할 수 있을 것이다. 하지만 걸어도, 걸어도 나무가 보이지 않는다고 나무를 탓할 필요는 없을 것 같다. 바다는 변함없이 끓어오르기에 삶에 지친 인생들의 마음을 달래 줄 수 있고, 빛나는 영혼을 가슴속에 품을 수 있다. 넘어지고 쓰러지더라도 그 힘든 여행이 주는 참의미를 알기에, 어렵다는 것을 알면서도 우리는 묵묵히 길을 걸어간다. 춥고 메마른 한겨울의 나뭇가지에도 주먹만 한 별들이 주렁주렁 매달려 있지 않은가.

밤을 만나는 일은 그동안 우리 인간의 손으로부터 벗어나 있던 광활한 대지를 발견하는 기쁨이다. 깨어나려는 능력과 꿈틀거리는 창조력이 마법처럼 거저 주어진다. 스스로를 비춰 보는 침묵의 시간으로 자신의 업력業力을 만나게 해 준다. 사람의 생이 시시각각 윤회 중에 있으며, 내일은 또 다른 생의 가슴 뛰는 만화경이 내 앞에 아름답게 펼쳐짐을 예고한다. 하루의 피로에서 벗어나는 기쁨과 새날에 대한 경외감이 교차하는 경건함이다.

세상은 빛과 어둠 두 개의 세계로 나뉜다.

어둠은 빛을 덮으려 하지만, 서서히 다가오는 빛은 틀림없이 어둠을 밝히겠노라고 우리에게 새끼손가락을 건다.

생선 한 마리

젊은 의사는 자꾸 다그친다.

'힘이 주어집니까?' 기진맥진한 채 산대에 누워 있다가, 의사가 재촉하면 마지못해 한 번씩 힘을 준다. 힘이 주어진다는 것이 어떤 느낌인지 산모는 전혀 모른다. 그저 통증의 계속일 뿐이다. 힘을 주라고 하면 마지못해 힘을 주지만, 의사의 말이 끝나면 헝클어진 머리로 몸을 뒤틀면서 입으로 된 신음소리만 토해냈다. 그렇게 아픈 동안 아무도 산모의 침대를 지켜 주지 않았다. 그런데 용케도 나는 삼형제를 낳아 키웠고, 비록 몸이 부서지는 고통이 따를지라도 삼대독자인 남편이 즐거워하면 나는 그것으로 행복했다.

누가 존경하는 사람이 누구냐고 물으면 서슴없이 우리 남편이라고 대답했다. 남편에게 어쩌다 꼭 변명할 말이 있어도 대꾸 한 번 못해 봤다. 말대답이 될 것 같아, 불 끄고 눈을 감고서야 겨우 한마디씩 울면서 말했다. 남편이 무슨 서운한 말을 하거나 애정 없는 행동을 해도, 당신을 너무 믿어서 그랬다고 하면 온몸의 굳어진 세포들이 눈 녹듯이 일시에 풀어져 버렸다. 낮에 나서 밤에 컸느냐고 남들은 나의 우둔함을 꼬집었지만, 남편이 날 '순수하고 귀여운 여자'라고 말해 주면 그대로 행복했다.

 어쩌다 아이들과 외식이라도 하는 날이면, 그날은 어미인 나는 배를 곯는 날이었다. 이 녀석 저 녀석 세 아이가 입을 벌리는 대로 차례로 넣어 주다 보면 내 입에는 만두 한 조각, 소고기 한 점 들어갈 새가 없었다.

 "한 접시 더 시킬까요?"
라고 뒤늦게 내가 물으면, 아이들과 남편은 서로 배부르다며 더 시키지 않아도 된다고 도리도리한다. 잠시 서운했지만, 그래도 되돌려 받지 못하는 사랑을 계산해 본 적이 없다.

 밥상에는 언제나 구운 생선 두어 마리가 올라간다. 생선살을 알뜰하게 발라 남편 밥그릇, 아이들 밥그릇에 번갈아 올려 주는 일이, 내 입에 들어가는 것보다 더 좋았다. 접시 위에 T자로 남겨진 생선 대가리와 형체뿐인 뼈만 남을 때까지, 나의 입엔 생선 살 한 점 넣어 보지 못했다. 아이들이 잘 자라고 남편이 건강한 것이 모두 내 공인 것 같아 늘 만족스러웠다.

한 칸도 채 못 되는 작은 방에 보기에도 왜소한 노인 한 분이 누워 계신다. 머리카락은 헝클어진 삼바구니처럼 엉켜 있고, 좁은 어깨는 누가 일으키면 와르르 허물어져 버릴 것 같이 작고 애처롭다. 설거지통엔 언제 식사를 하고 놓아 두었는지 모를 그릇들이 대여섯 개 따로따로 뒹굴고, 방 한쪽 귀퉁이엔 햇빛을 본 지 오래된 이불이 아무렇게나 뒤틀린 채 개켜져 있다.

내 이웃에 누가 사는지, 끼니를 이어가기조차 어려운 사람은 없는지, 우리들은 정말 다른 별에서 온 사람처럼 지낸다. 어떤 노인은 돌봐 줄 사람이 없어 늙고 병든 몸으로 하늘만 원망하며 살아가고 있는데, 우리는 그래도 그들을 이웃이라 부른다.

자원봉사란 것을 나가기로 했다. 정신이 온전치 못한 노인이 있는데 한 달에 한 번만이라도 도와 달라는 주민 센터 직원의 이야기를 듣고, 음식점을 하는 형님을 설득하여 시작한 일이다. 열

여덟 살에 시집와 평생 동안 자식과 남편을 위해 온갖 궂은일을 마다않고 살아오셨다고 한다. 관절염으로 못 쓰게 된 팔 다리와 온전치 못한 정신으로 그나마 목숨이 붙어 있는 것이 놀랍다.

  형님이 미리 준비해 가지고 간 반찬과 굴비 두 마리를 굽고 따듯한 밥을 지어 상을 올렸다. 자기 손이 아니고 다른 사람에 의해 차려진 정성들인 상 앞에서 할머니는 잠시 울먹이셨다. 수저를 들어 이것저것 잡수시는 걸 보고 숭늉을 가지러 부엌에 갔다 온 사이, 할머니는 벌써 식사를 다 드신 듯했다.

  놀랍게도 상 한 귀퉁이에는 생선살이 가지런히 발라져 있었다. 누구를 위해 저토록 알뜰히 발라 놓았을까. 접시 위에는 뼈만 앙상한 생선이 T자로 나란히 누워 있다. 할머니 입에는 생선 한 점 들어간 흔적도 없는데, 식사를 다 마친 수저는, 벌써 가지런히 옆으로 놓여 있다. 할머니 머릿속엔 지금도 분신과 같은 아들과 손자들이 밥상 옆에 앉아 있는 걸까. 생선살을 발라 주며 도란도란 얘기하며 식사하던 그 옛날을 불러오신 듯하다. 회한의 눈물인지 평생 못 이룰 바람인지 모를 꿈을 이루어 보고 싶으신 것일까.

  내 가족만 보고 살아왔다고 자부하는 나의 삶이나, 정신이 온전치 못한 이 할머니가 살아온 삶이, 한 치의 오차도 없이 똑같이 포개지는 그림이다. 다른 사람을 행복하게 해 주며 나를 버렸던 계산 없는 사랑은, 베풀면 결국 돌아온다는 말대로, 지금도 아직 나에게 되돌아오고 있는 중인가. 잘 익은 체리 알처럼 터질 듯했던 할머니와 나의 젊음은 어디 가서 다시 찾을 것이며 누가 되돌려 줄 것인가.

접시 위에 T자로 앙상하게 발려져 있는 두 개의 생선 가시가 눈에 들어온다. 잠시 동안 벗겨진 몸으로 함께 누워 있는 할머니와 나를 본다.

집으로 돌아오는 길은 무척 길고 허전했다.

3
장승이 움직인다

우리 가족이 당하는 어려운 일에
매순간 그가 곁에 있고,
일일이 참견하고 있다는 것을 가슴으로 느낀다.

동행

좋아하던 정치인이 감방에 있을 때였다. 한번은 그를 만나러 간 적이 있었다. 그때만 해도 내 속에서 불타오르던 피는 정의로움으로 뜨거웠다. 좋으면 너무 좋았고 싫으면 너무 싫어서, 극단으로 치닫던 그 불덩이들을 내 안에 가두어 두는 것이 불가능했다. 은근하게 오래 지니는 것 같은 중도의 길은, 낭비 같이 생각되어 내 인생에서 생략되었다. 중용이라든가, 온유함, 음미하는 것 같은 일체의 형체가 없는 행위는 무시되었고, 오랜 인내 끝에 결실로 얻어지는 공허하고 추상적인 보람은 나의 젊음이 참아 주기를 거부했다. 곤경에 처한 그에게 내가 그의 편이라는 것을 확실히 보여 주고 싶었다.

나를 알아보지도 못하는 그에게 나를 소개했다. 영어(囹圄)의 몸이면서도 정치적인 몸짓과 악수는 잊지 않았다. 고마워하는 눈빛도 있었다. 내가 그에게 줄 수 있는 것은 그는 이미 다 갖고 있었다. 육체적인 부자유는 속박하는 형태로 국가가 앗아 갔으니 그것 또한 나의 권한 밖이다. 충심 어린 걱정과 위로는 그의 많은 숭배자들이 이미 물리도록 상납했을 것이다. 나는 가볍고 부피도 작은 누런 봉투를 그에게 건네주었다. 그는 그것을 내 앞에서 찬찬히 살핀 뒤 그 속에서 악보와 노래 가사를 꺼내들었다.

그는 의외라는 표정이었다. 호기심도 있었다. 허지만 내가 그의 앞에 있음을 잊었는지, 그의 눈은 잠시 동안 촉촉해졌다. 평소 그가 우리에게 보여 주려고 했던 모습은 아닌 것 같았다. 나를 위해 연극하며 표정을 바꿀 만큼 여유가 있어 보이지도 않았다.

'누가 나와 같이 함께 울어 줄 사람 있나요. 누가 나와 같이 함께 따뜻한 동행이 될까.'

대체로 이런 가사의 노래였다. 한참 유행하던 평범한 노래가 그를 울렸다. 그의 텅 빈 가슴을 나에게 보여 준 것이다. 아니, 방심하는 동안 나에게 들켜 버렸다고 표현하는 것이 더 맞을 것 같다.

그는 출옥한 뒤 그를 불러 주는 어느 모임에서나 이 노래를 불렸다고 한다. 그만큼 그때는 누구랑 같이 하고픈 마음이 절실했던 것 같다. 또한 이 노래는 그의 시심에 불을 지펴 그를 시인으로 만드는 계기가 되었다. 남아 있는 동안 시가 있어 그는 외롭지 않았다고 했다. 물론 나는 그의 시집을 선물 받는 첫 번째 팬이 되었다.

 동행은 같은 목표를 향하여 함께 간다는 것. 인간은 끊임없이 누구랑 함께하고 싶은 생각에서 자유로울 수 없다. 이것은 인간이 가진 숙명적인 외로움과 불완전함에서 벗어나고픈 가엾은 몸짓일지도 모른다. 항상 나 혼자로서는 부족하고, 그가 나에게로 와서 완전한 하나가 되기를 갈구한다. 동행은 또한 많은 경우 나눔의 뜻으로 사용되고 있다. 슬플 때도 기쁠 때도 우리는 동행자가 필요하다. 기쁠 때는 기쁨이 두 배로 늘어나고 슬플 때는 슬픔이 반으로 줄어드는 마술을 경험해 본 사람은 안다. 캄캄한 밤 자신을 향하여 몰려오는 커다란 높이의 파도를 보면 누구나 두려움에 휩싸이게 되리라. 하물며 험한 파도를 혼자서 헤쳐 나가야 한다면, 인간이기보다는 신에게 나의 전부를 맡기고 싶어 하게 된다.

'신이여. 저와 동행하고 계십니까. 저는 넘어지나 아주 엎드러지지 아니함은 여호와께서 손으로 붙드심이로다.'

며칠 전 J여사에게서 전화가 왔다. 미국에 있던 남편 친구가 귀국하여 모두가 모이게 되었던 모양이다. 동창들 부부 모두 참석한 자리에 나와 우리 남편만 없어서 섭섭했다며 울먹였다. 대신 내 글이 실린 책을 받아보고 우리를 본 듯하다고 위로했다. 한 사람이 글을 낭독하고 다른 사람들은 촛불과 와인으로 수필 낭독회를 가졌다고 한다.

"언제부터 글을 썼어요?"
"'내가 문학소녀인 줄 몰랐어요?" 농담으로 가볍게 받아넘긴다.
"종성이는 알고 갔나요?" 남편 친구의 물음이다. 남편이 내가 글을 쓰는 것을 알고 있었느냐는 그런 물음이다. 어떻게 알았겠는가. 그가 가고 난 다음부터 시작한 일을. 남편을 불의의 사고로 영원히 내 곁에서 떠나보내고 나서야 수필을 내 남은 인생의 동반자로 선택한 것을.

남편을 잃고 나서 나는 많이도 울었다. 낮이면 환한 태양빛이 싫어서 울었고, 밤이면 깜깜한 어둠이 무서워서 울었다. 그가 미치도록 보고 싶을 때는 실컷 울고 나서야 마음이 조금 진정되곤 했다. 그런 날들이 계속될수록 나의 내면의 우울은 차츰 깊어만 갔다.

그러다 우연한 기회로 수필을 만나 글쓰는 즐거움에 눈뜨게 되었다. 수필은 내 삶을 송두리째 바꾸어 놓았다. 힘들고 지쳐서 쓰러지려 할 때마다 내 삶의 버팀목이 되고 등불이 되어 주었다. 나는 이제 더 이상 배고프지 않다. 방황하고 싶지도 않다. 지치고 외로운 순간을 지켜 줄 이렇게 좋은 친구들이 있지 않는가.

내 남은 인생을 붙잡아 주고 동행해 줄 글쓰기가 있지 않은가.

장승이 움직인다

 우리 집에는 꼭 필요한 물건들만 존재한다. 비능률적인 요소는 되도록 치워 버린다. 식구들도 많고 모두가 바쁘기 때문이다. 살아갈 힘을 주는 맛있는 음식이 있고, 외부로부터 추위와 더위를 가려 주는 문명의 이기도 지녔다. 더러움을 말끔히 씻어 주는 빨래 기계며 재미와 오락으로 정신적 피로를 덜어 주는 정말 신기한 물건도 갖추어져 있다. 쑥쑥 자라나는 아이들이 있어 하루하루가 얼마나 보람되고 행복한지를 우리들에게 꼬박꼬박 인식시켜 준다. 모두들 쓸모 있고 자기 기능에 충실한데, 그저 존재할 뿐 역할이 없는 물건이 딱 하나 있다. 남편이다.

 남편이 출근을 한다. 새벽부터 일어나 도시락을 챙기고 구두를 손질한다. 국물이 없으면 식사를 못하는 주인의 버럭하는 성정을 위해, 전날 저녁부터 미리 국은 준비되어 있다. 상에 올리는 차례도 까다롭다. 차가워야 좋은 음식과 따뜻해야 하는 음식을 구분하여 순서대로 대령한다. 가장 늦게 행차하는 것이 방금까지도 가스레인지 위에서 사정없이 끓고 있는 몹시 뜨거운 국이다. 아무리 바빠도 뜨겁지 않으면, 아예 입조차 대지 않는 것을 알고 있기 때문이다.

식사가 끝나고 나면 곧장 일어서서 장롱 앞으로 간다. 깨끗한 옷을 입으면 강의가 더 잘된다는 이유로 하루에도 몇 번씩 땀만 차면 벗어 놓는 와이셔츠들이 어느새 말끔히 다려져 일렬로 옷장에 걸려 있다. 아내의 노고가 얼마나 클까, 하는 생각보다는 으레 할 일을 하고 있다는 당위론 쪽이다. 옷과 넥타이를 차려입은 남편은 거울 앞에서 만족한 듯 이리저리 훑어보고 현관으로 향한다. 스쳐 가는 그의 몸에서는 가족 모두에게 이미 익숙해진, 고급스런 향수 냄새가 배어 있다. 구두는 벌써 나아갈 방향으로 앞을 보고 있고, 잘 닦여져 길이 난 가죽가방이 마루 끝에서 기다리고 있다. 강의를 위해 준비가 끝난 몇 권의 책과 노트, 서류 파일 등이 보인다. 남편은 그저 이나 닦고 아내가 들려 주는 출근가방만 끼고 나가는 것이 할 일의 전부다. 아이들과 나는 이런 남편을 장승이라고 불렀다. 동네 입구에서 아무런 역할도 없이 여러 사람의 숭배를 받고 있는 장승, 그의 일련의 행동이 장승과 별반 다르지 않았다.

신은 인간을 이렇게 만들었다. 수컷은 짝짓기를 담당할 수 있도록, 암컷은 이세를 양육하도록 특화된 유전자를 부여한 것이다. 여성 혼자의 힘으로 감당하기 힘들게 된 양육과정은 남성과 여성이 장기적인 부부관계를 맺음으로써 보완이 시작된다. 남성이 도구를 이용해 사냥 활동에 나서는 동안, 여성은 안정적인 생산 활동에 기여하면서 성과를 공유하는 분화가 자리잡게 된 것이다. 그렇지만 우리 집 장승과의 계약에는 분화란 아예 존재하지 않았다.

전혀 활동에 기여하지 않으면서 역할을 할 거라는 막연한 기대를 하게 하는 것이 마을 입구의 장승과 흡사하다. 지역 간의 경계를 나타내고 방향을 가리키며 그 마을의 수호신 역할을 하는 것이 장승의 임무 아닌가. 우리 집에는 임 씨라는 가족 구성원이 살고 있고, 이 구역에서는 장승의 권력이 엄연히 상존하고 있다. 아무도 침범할 수 없음을 존재로서 나타낸다. 가끔 인생과 도덕과 가정교육에 대해 방향 지시만 할 뿐이다. 그렇게 무노동과 부동의 남편이, 몇 해 전 우리 곁을 떠났다. 그가 존재 자체로서 대표하고 있는 장승의 역할마저도 힘이 들었던지 그만 훌쩍 세상을 버렸다.

그가 떠나고 얼마 되지 않아 둘째아들이 큰 교통사고를 당했다. 시골에 있는 병원에서 환자들을 돌보느라 밤을 새워서인지, 오는 길에 순간적으로 깜빡 졸았던 모양이다. 중앙선을 넘은 차는 종잇장처럼 구겨졌다. 그 상황에서도 아들은 상처 하나 없이 멀쩡했다. 교통사고 현장에서 기적이라고 수군대는 사람들 뒤에, 무서운 얼굴로 눈을 부릅뜬 채 버티고 서 있는 애비장승이 있었다.

이혼의 아픔을 극복하느라 미국으로 떠난 셋째 아들은 먼 곳을 돌고 돌아 한국에서도 찾기 어려운 착한 규수를 만났다. 영혼만으로 존재하는 그가, 육신을 가져야만 이룰 수 있는 짝을 찾아 맺어 주었다. 이번에도 장승이 그 착한 규수의 눈을 가리고, 사랑에 눈이 멀도록 강력히 개입한 것 같다. 그 곳에도 자식의 사랑에 눈이 먼 바보 가장이 버티고 있었다.

보통 때 같으면 완전히 비이성적이라며 웃어넘길 일을 찰떡같이 믿게 될 때가 있다. 그런 것이 실제로 비이성적이라는 뜻은 아니지만, 사실적이지 못한 것은 분명하지 않은가. 이러한 이성을 초월하는 초이성超理性, 예컨대 실재보다 더 큰 그림 안에서만 이해되는 그런 것이 존재할지도 모른다. 신앙은 그런 곳에서 자리 잡고 있는 듯하다.

사랑의 심연이 완성되는 순간, 버드나무 둥치를 안고 나를 향해 걸어오는 남편의 기적을 만난다. 버드나무 둥치는 몇 개의 지병을 갖고 맘속에 끄지 못한 불길들이 있다. 노래를 하지 않는다고 누가 둥치를 음치라고 하겠는가. 장승은 이젠 우리들의 작은 신음에도 귀를 기울인다. 우리 가족이 당하는 어려운 일에 매순간 그가 곁에 있고, 일일이 참견하고 있다는 것을 가슴으로 느낀다. 어느새 남편은 나의 신앙이 되어 가고 있다.

장승이, 그냥 가만히 서서 존재하는 일을 그만두고 마침내 움직이기 시작한 뒤부터이다.

잘못했습니다

 멋모르고 약국에 들어서는데 전산직 아가씨가 큰소리로 떠든다.
 '약사님 때문에 사흘치가 다 날아갔어요.'
 젊은 사람들끼리 하는 얘기겠지 싶어 그저 하던 대로 가운만 갈아입고 있었다. 전날이 정초라서 누구나 하기 싫어할 일을 내가 맡아서 근무하고 난 터이다. 수고했다는 말을 은근히 기대했었다. 고맙다는 인사는커녕 의외의 말이 나를 겨냥한 것을 알았을 때, 빨리 반응을 하지 못하고 한동안 엉거주춤했다. 연휴에 백업을 안 한 컴퓨터에 문제가 생겼고, 그것이 모두 '내 탓'이 되어 버렸다. 그저 지나가는 말로 한 소리였겠지만, 나의 가장 아픈 곳을 건드렸다. 컴퓨터나 팩스 등에 문제가 생기면 동료들 누구나 입으로 말은 하지 않았지만, 의례히 가장 고령자인 나를 의심하는 것을 안다. 예상을 넘어서는 나의 격한 반응에 약국은 어색하게 조용해지고 말았다.

우리 집엔 팔십이 넘으신 노모가 있다. 문명의 이기를 받아들이는 데는 나보다 훨씬 적극적이어서 하루에 서너 번씩 컴퓨터 앞에 앉아 시간을 보내신다. 물론 인터넷 검색이나 메일, 프리 셀이나 고스톱 같은 간단한 게임을 즐길 정도이지만, 어떤 때는 바탕 화면도 바꿔 놓고 메뉴를 일렬로 정리해 놓기도 하신다. 좋게 보아 드리고 싶을 때도 있지만 '알면 얼마나 아신다고 저러나' 하면서 속으로 무시할 때가 많았다. 바로 며칠 전 우리 집 컴퓨터가 문제가 생겼을 때였다. 노모는 한사코 본인 잘못이 아니라고 우기셨다.

'엄마가 아니면 누가 그러겠어요.'

엄마는 몇 번이나 그냥 게임만 즐겼을 뿐이라고 변명하셨다. 나는 믿어드리기는 커녕 무조건 단정지으면서 화를 냈던 것이 생각난다. 표정이 파랗게 되어 소리 지르는 내 서슬에 눌려 엄마는 그만 입을 다무셨다. 그리고 조용히 본인의 방에 들어가 펴 놓은 자리에 누우셨다.

얼마나 마음이 아프셨을까.

인생의 골짜기에서 불어오는 차디찬 회오리바람은, 무방비로 서 있는 노인들의 가슴에 사정없이 파고든다. 북극 추위보다 더 춥고 무서운 건 인간의 편견이라고 어느 작가는 말했다. 노인에 대한 냉대冷待는 예의 속에서만 안주하려는 젊은 사람들의 무관심으로 형성된다. 노인들은 그저 추위를 모르는 척 자꾸만 외면한다. 찬바람이 쌩쌩 불어와도 방어하는 방법을 몰라 남은 가슴마저 내어 준다. 그래서 노인의 겨울은 북극의 혹한보다 더 춥고 길다.

그때는 몰랐다. 단지 나보다 늙었다는 이유로 엄마의 말을 들어 보려 하지도 않고 무시해 버렸다. 그리고 바로 며칠 뒤에, 단지 그들보다 나이가 많다는 이유로 나도 젊은 사람들한테 똑같이 무시당하고 있다.

사람들은 꼭 같은 자리, 같은 경우에 처해 보아야 비로소 아픔과 잘못을 뉘우치게 되는 어리석은 동물인 것을 어찌하랴. 이제라도 늦지 않았다면 꼭 말씀드리고 싶습니다.

'엄마, 정말 잘못했습니다.'

절대적인 사랑

한 택배회사 주인은 비행기 사고로 외딴 무인도에 갇혀 버린다. 그는 대화할 사람이 그리워, 그의 택배 물품이던 배구공에 사람의 얼굴을 그린다. 그리고 '윌슨'이라고 이름을 지어 준 뒤, 가상 친구를 만들어 그와 이야기를 나누면서 끔찍한 외로움을 달랜다.

사람은 혼자서는 살 수 없는 약하고 무기력한 존재이다. 인간이 자기가 얼마나 고독한 존재인가를 인식하는 순간부터, 외로움은 그 사람의 영혼을 파고들어와 후벼댄다. 자기에게 안겨드는 외로움을 이겨 보려고 애써 보지만 외로움의 끊임없는 공격에 결국 굴복해 버리고 말게 된다. 그리하여 자기에게 명령하는 고독의 소리가 시키는 대로 외로움의 노예가 되어 고분고분해지기 마련이다. 사람들은 군중 앞에서의 자기는 능력 있고 자신이 넘치는 것 같은 몸짓을 하려고 노력한다. 힘을 잃고 갇혀 있는 자존심을 억지로 일으켜 세우고, 영웅처럼 군림하도록 자신을 채찍질한다. 허약하게도 자신이 얼마나 외로운 존재인가 내보이기를 두려워하고 부끄러워한다. 자신마저 숨기려는 어설픈 이중적 행태를 연출하는 동안, 자신의 내면을 다른 사람들 앞에서 벌거벗기지 못하는 후유증으로 우리는 더욱더 외로워지는 것이다.

중년이 훨씬 넘은 나이에도 엄마를 찾는 입양아들을 가끔 본다. 그들은 한결같이 "엄마의 품이 그리웠어요."라고 얘기한다. 엄마의 보호를 그리워하기 보다는 오히려 엄마를 보호해야 할 나이인 그들인데 말이다.

그들에게 엄마는 무슨 의미일까. 나에게만 주어지는 '절대적인 사랑'을 그리워하는 것이고 그것이 엄마라는 형태로 입양아들에게 다가오는 것이리라.

사람들은 고독을 탈출하려는 방향으로 끝없이 노력하게 된다. 사람은 누구나 사랑과 분리된 상태를 오래 견디지 못하기 때문이다. 불안감, 좌절감, 열등감은 사랑으로 결합되지 못한 사람의 영혼을 점령해 버리고 만다. 점령군은 점유물을 다시 회복할 수 없는 패배감 쪽으로 몰고 가려는 습성이 있다. 이런 종류의 괴로움은 주관적인 고통과 극복할 수 없는 주변 상황과 인간관계의 번민이 큰 부분을 차지하고 있다. 그러한 행동에서 느껴지는 고통은 그것을 겪는 사람을 매몰차게 각성시켜, 자신의 내면에 무언가 해결되어야 할 문제가 있음을 지적해 준다.

사람은 혼자서는 살 수 없는 불완전한 구조로 태어난다. 얽히고설킨 관계와 관계 속에서 비로소 행복할 수 있고 바로 설 수 있는 관계의 산물인 것이다. 자기들의 의식 속에 자리잡지 못했을 것이라고 생각되는, 의외의 사람들로부터 주어진 에너지가, 어느새 나에게 들어와 나를 움직이고 있다. 잔소리를 해대는 부모나 매일 비비적거리는 형제들을, 없었으면 더 좋을 방해꾼으로 생각해 본 적도 있다. 아이러니하게도 미워하고 불필요하게 생각되기도 하는 대상들마저도 서로에게 필요한 에너지氣를 주고받게 돼 있다. 그래서 감옥의 독방이 무섭고, 혼자 갈 수밖에 없는 죽음의 길이 두려운 것일 게다.

세기적 사기 행각을 하며 숨어 다니던 스무 살짜리 범인은 크리스마스 이브에 수사관에게 전화를 걸고 만다.

"외롭고 전화할 데가 없어서 걸었어요."라고 범인은 울먹인다. 굳이 설명이 필요치 않은 대목이다.

사람들은 고독을 탈출하려는 방향으로 끝없이 노력하게 된다. 사랑으로 결합되지 못한 스무 살짜리 범인은 자신이 죄인인 것을 잊어버리고 수사관에게 전화를 건 것이다. 불안감, 좌절감, 열등감을 이기지 못하고, 오히려 극복하려고 애썼던 외로움이 인간을 점령해 버리고 만 것이다. 점령군은 점유물을 다시 회복할 수 없는 패배감 쪽으로 몰아가려는 습성이 있다. 이런 종류의 패배감은 주관적인 고독과 극복할 수 없는 적막한 주변 상황으로부터 온다. 그리고 아무리 노력해도 벌어지기만 하는 인간관계의 번민이 큰 부분을 차지하고 있다.

사랑이 결핍된 사람들을 그대로 방치해 버리면 외부와의 소통을 거부하고 모든 사람을 자기의 적으로 돌리려는 퇴행에 빠지기 쉽다.

나도 가끔은 스마트폰을 손에서 놓지 못하고, 입이 피로해질 때까지 쓸데없는 전화질에 몰입해 버리기도 한다. 나에게만 주어지는 '절대적인 사랑'이 그리워서일까. 따라잡지 못하는 세상을 비관해서일까.

결국 이동 통신비를 한껏 올려 놓고 그때서야, 다 비워진 심신으로 전화기를 내려놓으면서, 그 결과물로 탈출을 시도해 본다. 나도 역시 나와 외부 세계와의 결합을 추구하고 그들로부터 사랑 받기를 끔찍이 갈망하고 있기 때문에, 남과 다름없는 일상을 반복하는 것이리라. 은둔형 외톨이들은 이해받지 못할 바에는 차라리 냉소적인 찬피 동물이 되어 버린다. 뱀이나 개구리 같은 찬피동물이, 한동안 나무 구멍 속이나 땅속에서 겨울잠을 자는 이유도, 따라잡지 못하는 세상을 비관해서일까.

그래서인가, 나도 가끔 찬피동물처럼 겨울잠에 빠져들고 싶을 때가 있다.

풀각시

상두꾼이 메기는 회심곡이 구슬프다. 제 명을 다하지 못하고 하늘 길 가시는 고모할머니를 태운 상엿소리에 애절함이 묻어난다. 어느 죽음이 슬프지 않으랴만, 고모할머니의 죽음은 더욱 비감을 자아낸다. 산천에 울려 퍼지는 회심곡은 그녀의 이루지 못한 한이 있어 남은 사람들의 마음을 날카롭게 훑고 지나간다.

'북망산천 멀다더니 내 집 앞이 북망산천일세.'

초성 좋은 사람이 선소리를 메기고 상여를 멘 여러 상두꾼이 뒷소리를 받는다.

'이제 가면 언제 오나 오실 날을 일러 주오.'

 불행을 등에 지고 태어나신 고모할머니였다. 할아버지가 겨우 아들 하나(아버지)만 달랑 얻고 손을 보지 못하자, 초조해지신 증조할아버지가 서둘러 여자를 보고 거기서 얻게 된 여식이 바로 그녀였다. 같이 자라면서 고모할머니와 우리 아버지는 얼마나 가까운 사이였는지, 왜 절대로 가까워질 수 없는 관계인지 나는 그때도 몰랐고, 지금도 알고 싶지 않다. 내가 알고 싶은 것은 대가족 속에서 어미 없이 혼자 자라는 동안 추위와 외로움이 항상 그녀를 따라다녔을 것이라는 것과, 아버지는 그녀의 그런 마음을 알아주었던 유일한 또래였다는 사실뿐이다. 고모할머니는 나를 등에 업고 가끔씩 아버지에 대한 얘기를 했던 것 같고, 시집가기 싫다는 말을 한숨에 섞어 뱉어냈던 기억이 난다.

 더이상 결혼을 미룰 수 없게 되자, 그녀는 어쩔 수 없이 머나먼 밤섬으로 귀양 시집을 갔다. 사랑하는 사람을 두고 떠나는 가마 속의 그녀는 흘러내리는 눈물로 흥건히 젖어 있었다. 꽃가마 안을 들여다본 사람은 아무도 없었다. 그저 동네에 처음 등장하는 꽃가마가 보기 좋아서 졸졸졸 따라다니던 나는, 불현듯 가마

속이 궁금해졌다. 차마 떠나보내지 못하는 두 사람의 아픈 눈물은 불행인지 다행인지, 아무도 눈치채지 못했다. 어린 내가 본 신부의 표정에서는 맞이해야 할 신랑에 대한 기대는 전혀 읽을 수 없었던 것 같다. 여울목에서 손을 잡아 주던 임은 어디로 가버렸을까. 인생의 밤은 그녀에게 너무도 깊었으리라.

어렸을 때 저수지 근처에 가면 각시풀이 많았다. 지천으로 흔한 각시풀을 뜯어다가 고모할머니는 나에게 풀각시를 만들어 주었다. 나뭇가지에 엮기도 하고, 나무로 만든 젓가락에 각시풀을 묶어 놓으면 사람과 똑같은 여자 인형의 뒷머리가 된다. 만들어 주는 사람도 고모할머니이지만, 어쩌면 고모할머니는 자신이 곧 풀각시가 되어 버렸는가 싶었다. 청승맞은 노래로 그녀는 풀각시의 영혼을 불러들이곤 했다.

> "차일 마당 달이 떴네, 차일 마당 달이 떴네.
> 각시방에 불을 켜라, 신랑 방에 불을 켜라.
> 연지곤지 바르고 우수각시 따라서
> 직녀 걸음 나오신다, 직녀 걸음 나오신다.

감태 같은 머리채를 치렁치렁 따 내리고

널 띄우고 놀던 일을 어찌 잊고 시집가나."

너는 신랑이 되고 나는 각시가 되자고 손가락을 걸었던 약속은 바람에 날려 보이지 않는 곳으로 흩어져 버렸다.

고모할머니의 풀각시 놀이는 항상 비극이었다. 동화 속의 각시는 알 수 없는 모래섬으로 시집을 가야만 했고, 신랑은 족두리를 얹고 초롱 꽃등 밝히는 새로운 각시를 맞이한다는 이야기이다. 가기 싫은 시집을 떠나온 소꿉 각시는 논두렁의 각시풀이 이슬에 젖도록 울었다. 각시는 머리를 풀어헤치고 신랑을 찾아 홀로 이슬 젖은 논두렁을 헤맨다. 자신의 옆자리에는 흙 떡으로 빚어 만든, 이제는 남이 되어 버린 신랑의 모양을 앉혀 놓는다. 다 타지 못해 가슴에 남은 불은 운명의 탓으로 묻어 둔다. 사랑하는 사람과 족두리를 내리지 못한 한恨으로 풀각시는 머리를 풀어헤치고 잉걸불에 자신을 던진다. 모질고 아프지만, 그것이 연기가 되어서라도 임에게 돌아가려는 그녀의 꿈을 이루는 길이기 때문이다. 풀각시의 애달픈 동화는 고모할머니의 슬픈 현실이 되었다.

우리가 살던 삼현리에서는 두 번째로 보는 꽃가마였다. 한 번은 고모할머니가 시집갈 때 본 꽃가마였고, 또 한 번은 이제 다시 못 올 길로 떠나는 꽃상여였다. 고모할머니는 찬란하게 이승을 하직한다. 논두렁길이 바로 하늘 길이 되었다. 서른도 못 넘긴 젊은 나이다. 시집살이를 채우지 못하고 연기처럼 가벼워진 몸으로 그리운 사람을 찾아 되돌아왔다. 그녀의 사랑은 이루어질 수 없는, 그러나 포기할 수도 없는 비련悲戀이었다.

북망산을 넘어가자는 상여, 그 찬란한 종이 꽃가마, 살아생전에는 무슨 좋은 마음으로 이 꽃가마에 올라 보았으랴. 이승의 끈을 놓아야 하는 질긴 애통함이 따라다닌다. 생전의 여한을 울긋불긋 온갖 색채로 치장하여 달래려는가. 화려함은 있으되 벌 나비 찾지 않는 적막한 꽃밭이다. 만장輓章이 저만치 앞서 길을 열고, 그 뒤 영정과 상여가 애간장을 녹이며 뒤따른다. 향기 없는 꽃길에는 애통함과 곡哭소리만 남아 그녀의 말을 대신한다. 봄날 황량한 산기슭을 오르던 꽃가마도 아름다웠지만, 녹색 물 가득한 여름의 산길을 오르는 꽃상여는 그 색의 대비로 화려함이 더욱 두드러졌다.

'벗이 많다 한들 어느 누가 동행할까, 일가친척 많다 한들 어

느 누가 대신 갈까.'

'불쌍하다, 불쌍하다. 이내 신세 불쌍하다…….'

만가 소리가 들판을 가득 채운다.

그냥 떠 있네

이모님이 크게 다치셨다. 이모님이 탄 택시가 엄청난 덩치의 화물차와 정면충돌한 뒤 도로 옆 도랑으로 굴러떨어진 것이다.

중환자실에 누워 계신 이모님의 몸은 처참하게 조각나 있었다. 생과 사의 경계선을 넘나들고 있는 이모님을 보면서 막다른 순간에 와닿는 삶의 의미를 헤아려 본다. 죽음에 처절하게 항거하는 치열한 현장을 보면서 가여운 마음을 안고 병원을 나온다.

지금 나는 극심한 마음의 감기를 앓고 있다. 제 앞가림도 못하는 주제에 누가 누구를 가여워하는 것인가. 차라리 이모님의 그 질긴 생명력이 부럽다.

내 몸에 마음의 바이러스가 침투했다. 세상 살아가는 일이 귀찮고 시시한 병에 걸린 것이다. 정말 원초적이고 저급하고 너나없이 불쌍한 것 같아서이다. 몸의 저항력이 약한 사람이 감기에 쉽게 걸리듯, 우울 바이러스가 제일 먼저 침범하는 곳은 노인들의 가슴속이다. 생리적으로는 퇴화기에 있고, 사회적 지위와 역할을 상실한 사람들이 노인이다. 긴장할 일도, 바쁠 일도 없는 노년을 보내야만 하는 늙은이들은 지키는 사람이 없고 빈 곳이 많아서이다. 이들은 모두 사랑을 주거나 나누어 본 일이 없는 오래된 사람들이다. 다른 사람과 격리되어 컴컴한 곳에 오랫동안 방치되어진 까닭이다. 태양의 에너지가 없는 식물이 고사하듯 사랑의 온기를 받지 못한 사람들은 세상에 패배하고 자주 우울해진다.

우울 바이러스는 건강한 기운을 빼앗아 버리더니 나를 눕혀 버렸다. 누워 있는 것이 방황하는 마음의 외출보다 행복하다 싶다. 회색빛 그늘이 도둑처럼 나의 깊은 곳을 파고들더니 세상은 온통 회색빛이라고 나에게 얘기한다. 햇빛은 자리를 넘겨 주고 떠나가 버렸다. 나를 인정해 주기 싫어하고 존재감마저 앗아간 사람들마냥, 나를 포기한 것이다. 햇빛은 점점 만나는 시간을 줄이고 옛날처럼 뜨거운 사랑을 퍼붓기를 꺼리더니, 뒷걸음질로 슬그머니 사라져 버렸다. 놓치지 않으려고 매달릴수록 더 빨리 속도를 내서 나를 정리하려고 했다. 무심하려고 할수록 머릿속은 매달리고 싶은 생각들로 쓰레기 덤불처럼 황폐해져 갔다.

나는 사고 체계가 단세포적이고 수직적이다. 에둘러 말하거나 수평적인 논리를 동원하여 말하지 못하는 미욱한 성격의 소유자이다. 수직적인 사람은 수평적인 사고를 배제하며 절벽처럼 막혀 있게 마련이다. 만일 신이 나에게 생명을 주었다면 휴지처럼 구겨서, 알량한 인생을 베풀어 준 그에게 던져 버리고 싶다.

정말 풀죽같이 맛도 없고 시시한 황혼이다. 기대할 미래도 없고 노력해서 이룰 목표도 없다. '무슨 알맹이가 있겠지' 하고 휘저어 보지만 맛대가리 없이 묽기만 하다. 살아가는 내용이 너무 치사해서 자존심을 상하기가 일쑤이다. 내가 노력하면 할수록 더욱 어려워지는 것이, 커다란 코끼리가 진흙탕에 빠져 허우적거리는 꼴이다.

이모님은 지금 생사를 넘나들고 있지만 이 고비만 넘기고 나면 곧 완전해지실 것이다. 나를 점령한 바이러스는 나를 넘어뜨리고 나로 하여금 삶이 시시해지는 불치병에 걸리게 만들었다. 그리고 후진만 계속할 수밖에 없는 남겨진 삶 때문에 나는 다시 상처받는다.

허리를 꼿꼿이 세우기가 어렵다. 다리는 힘이 없이 상체에 붙어 흔들거리는 느낌이다.

'그냥 떠 있네.'

정형외과 의사가 내 무릎을 보고 한 말이다. 연골이나 튼튼한 지지대가 되어 주는 근육들이 사라져 버렸기 때문이란다. 탄력 있는 연골이나 말의 근육 같이 튼튼한 받침대가 없어서이다. 젊음이란 지원군이 없는 나 자신의 사회 활동은 더욱 너덜너덜하고 흔들거린다.

나의 젊음은 부싯돌에 일어나는 불꽃처럼 잠시 섬광을 내다가 사라져 버렸다. 나에게 젊은 시절이 있었던가. 나도 인정하기가 어려울 만큼 짧은 시간이었다. 그리고 지금 나와 내 무릎은 홀로 떠 있다. 세월이 나의 청춘을 거두어서 뒤안길로 사라져 버린 뒤부터이다.

차 속에서 내다보이는 연못과 모내기한 논에는 물풀들이 둥둥 떠다닌다. 개구리밥이 눈에 들어오고 토끼풀처럼 생긴 녹색 풀들이 봄 물 위로 떠올라 한쪽 구석 물을 파랗게 물들이고 있다. 개구리가 같은 색깔이 되어 몸을 숨기고 있는 것도 보인다. 가을에 물 위에 있던 잎에서 만든 겨울눈이 물속에 가라앉았다가 물낯으로 떠올라 생명이 되어 버린 것이다. 여러 갈래의 실뿌리는 수면에 떠서 머리칼처럼 하늘거리고 있다. 뿌리를 흙속에 내리지 못하고 그저 물위에 그냥 떠 있다.

 물풀은 누워 있지만 그것이 불행하다고 생각지 않는다. 늘 물속에 늘어져 있는 뿌리로 물에 녹아 있는 양분을 빨아들이지만, 그것이 원초적이고 저급하다고 생각해 본 적은 없다. 군중 속에 없다고 외로워하지도 않고 마음의 방황도 없다. 구름이 햇빛을 앗아갔다고 불평하지도, 존재감을 논하지도 않는다. 한쪽 구석에 박혀 있어도 자존심이 상한다고 투정하지도 않고 자기 몸이 누렇게 시들어도 물풀로서의 삶이 시시하다고 대들지도 않는다. 뿌리도 없이 둥둥 떠 있어 땅에 발을 붙여 본 적도 없지만, 그래서 감정이 휘둘린다고 핑계대지 않는다. 뒤집히지 않으려고 노력하는 자신을 오히려 숨긴다. 내 다리는 받쳐 주는 지지대가 없어 흔들거리지만 물풀은 작은 바람결에 온몸을 맡기면서, 그런

동요動搖를 즐겁다고 얘기한다.

나는 언제쯤 저 물풀처럼 세상에 부유하며 자유자재로 즐길 수 있을까. 물풀의 흔들림을 마냥 부러운 눈으로 바라본다.

기도의 응답

'꽈당'

아파트 앞을 나서다 사정없이 뒤로 넘어지고 말았다. 엉덩이가 불에 덴 듯 얼얼하고 손바닥엔 피멍이 들었다.

정신을 차리기까지 몇 분이 흘렀다. 마침 겨울의 찬바람이 머리를 잠시 정돈해 주고 제자리를 찾는 데 일조를 했다. 무심히 걸었다기보다는 사실은 깊은 죄의식에 빠져 있었다고 하는 편이 옳겠다.

얼마 전부터 나에게 경제적인 도움을 청하는 이가 있었다. 꾸준하다고 느낄 정도로 지속적이었다. 물론 그때마다 얼마 정도의 돈을 부쳐 주었다. 그럼에도 그가 원하는 것과 내가 보내 준 것 사이에는 큰 간극이 있었다. 그가 나에게 요구하는 것이 도무지 정당한 일이 아니라고 우기면서도, 스스로에게 벌을 주고 고통을 느끼며 옥중에서 살고 있는 자신을 발견한다. 무시무시한 옥졸들이 마음속에서 나를 괴롭혀, 머릿속은 숯불을 피운 것처럼 뜨겁고 분주하기만 했다.

어렸을 때 나는 학교 가기가 두려웠다. 이유 없이 괴롭히는 아이가 있어서 하루하루를 넘기는 일이 지옥 같았다. 그 아이는 나이가 나보다 여섯 살이나 위였다. 그러다 보니 나보다 키도 크고 힘도 세었다. 계란과 뱅어포가 있는 내 맛깔스런 도시락 반찬은 늘 그 아이의 것이 되었고, 늙은이 젖꼭지같이 말라붙은 그 아이의 장아찌 반찬은 내 것이 되곤 했다. 그는 지우개며 연필 같은 작은 학용품에서부터, 나중에는 매점에서 자기가 사 먹은 도넛이나 곰보빵 같은 외상값도 모두 내 빚으로 만들어 버렸다. 그런 식의 피 말리는 착취는 졸업할 때까지 계속되었다.

좀 더 커서 여학생이 되었을 때는 아버지의 사랑 때문에 늘 괴로웠다. 아버지는 언제나 동생 편이었다. 둘이서 다투는 일이라도 생길라치면 아버지는 물어볼 것도 없이 동생 손을 들어 주었다. 예쁜 옷, 좋은 책상은 항상 동생 것이 되었고, 언니라는 자리는 매번 희생하고 양보하는 억울한 자리로 남아야 했다. 내 권리를 빼앗기는 일이 되풀이되면서, 나는 내 것을 챙기는 일에 병적인 집착이 생겨 버린 것 같다. 그래서 그런지 나는 누구에게 무엇이든지 빼앗기는 것을 매우 싫어한다. 내 물건을 건드리거나 나의 생활을 침해하는 사람이 극도로 밉다. 이런 성격은 어렸을 때부터 내가 아끼는 것을 어쩔 수 없이 남한테 주어야 하는 일이 반복되면서, 자연 발생적으로 나타난 결과인 것 같다.

창의력이 있는 사람은 그것이 낮은 사람보다 속임수를 많이 쓴다는 이야기를 들은 적이 있다. 창의력은 어려운 과제를 푸는 데는 도움이 되지만, 문제의 해결책을 모색할 때 비윤리적인 방식을 택하고 정직하지 못한 행동을 많이 하게 된다는 것이다.

나는 '암적인 존재'라는 말을 가끔 떠올리곤 한다. '래리 크램'이라는 심리학자는 이러한 행위를 개에게 있는 진드기에 비유했다. 진드기는 개로부터 양분만 빨아먹지 개의 건강에는 아예 관심이 없다는 것이다. 암적인 존재는 소리 없이 찾아와 몸과 마음에 무거운 통증을 가하여, 숨도 못 쉬고 질식하게 만든다. 웬만해서는 순순히 물러서지도 않고 멀쩡한 사람을 야금야금 잠식해 나간다. 대상에게 견디기 어려운 고통을 주는 것이, 어렸을 때의 그녀의 존재가 그랬고, 지금 또 다른 그의 존재가 그렇다.

나는 이런 경우 독창성을 발휘해서 자신의 비윤리적인 행동을 정당화할 수 있다고 생각한다. 마치 속임수 면허라도 부여받은 것처럼, 양심의 가책 없이 그런 존재를 향해 편리하게 꺼내 쓸 수 있어야 한다고 믿는다.

나를 옭아매는 사람들 때문에, 나는 항상 깊은 딜레마에 빠진다. 자꾸 그 사람의 나쁜 점을 부각시키고 싶어지고 나의 정당성을 주장하게 된다. 그 사람이 내가 힘들 때 베풀어 준 것이 과연 있었던가. 나는 해결책을 모색하기보다는, 자신을 속이려고 속임수 면허를 꺼낸다. 독창성을 발휘하여 그와 내가 멀어져야만 하는 이유를 자꾸 개발해 낸다. 과제라고 생각하기보다는 비윤리적인 방법으로 사실을 회피하고 왜곡하고 싶어진다. 왜 닥친 환경에 대하여 자기 자신이 독립적으로 해결하지 못하고 남의 도움을 받아야 된다고 생각하는가. 따뜻한 사회는 내가 열심히 일해서 키워 온 소중한 것들을 아낌없이 퍼주어야만 이루어지는 것일까.

아파트 앞마당을 걸으면서 나는 줄곧 기도를 하고 있었다.

"하느님, 하느님께서는 저의 어려운 형편과 사정을 잘 아시지요. 순순히 내주어 그들을 만족시키는 일이 옳은 일인 줄 알지만, 먼 훗날 적어도 제가 누구에게 손을 내미는 일은 겪고 싶지 않습니다. 저의 이런 마음이 인색한 건가요, 정당한 건가요. 부디 제가 옳다면 저에게 용기를 주시고, 그르다면 저를 벌해 주십시오."

"……"

'꽈당'

기도가 끝나기 무섭게 나는 뒤로 벌러덩 나자빠졌다. 나의 인색함을 행동으로 일깨워 주셨다. 하느님은 정말 내 기도를 열심히 들어 주고 응답해 주신 것이다.

껌 같은 인생

그 여자를 보면 늘 껌딱지가 생각난다. 내 몸에 슬그머니 달라붙어 끈끈하게 날 괴롭히는 껌딱지. 여간 성가신 게 아니다. 날 불쾌하게 만드는 이 부착물은 어떤 강력한 용제로도 녹여 버릴 수가 없다. 어쩌면 소리 없이 몸을 부식시켜서 다 발라먹고 버린 생선가시마냥 날 앙상하게 만들어 버릴지도 모르겠다. 그녀의 긴 빨대는 내 정신세계를 겨냥하여 나의 순수를 다 마셔 버리고 말았다. 이미 세상을 아름답게 보는 나의 눈을 흐려지게 하고 있다. 내 몸을 구성하고 있는 수많은 세포들은 그녀를 보면 나보다 먼저 반응을 한다. 흡사 자석의 같은 극처럼, 내가 알아차리기 전에 반사적으로 그녀를 밀쳐 낸다.

오늘도 또 전화를 받았다. 피할 수 있으면 피하려고 몇 번이나 애를 써 봤지만 이번에도 실패했다. 얼마 견디지 못하고 포기해 버리는 나의 성격을 알기 때문에 그녀는 더 집요해지는 것 같다.

'형제래야 네 남편과 나, 딱 둘뿐이다.'

이렇게 시작해서 이야기 끝은 항상 청구서가 된다. 남편이 가 버린 후 생전의 남편의 짐이 이젠 내 것이 되어 버렸다. 나는 그녀의 그런 형식에 넌덜머리가 난다. 그녀의 친절한 안부 전화조차 받기가 두렵다. 얼마든지 피해 갈 수도 있고 돌아갈 수도 있다. 정면으로 눈을 부라리면 그녀를 내 짐이 아닌 것으로 내려놓을 수도 있다. 이런 생각은 오랫동안 큰 유혹으로 나를 손짓했다. 할 수만 있다면 성난 소가 되어 날 교묘히 다루어 보려는 그녀를 힘껏 들이받고 싶다.

그녀는 투우사鬪牛士였고 나는 투우鬪牛가 된다. 투우는 투우사의 교묘한 술책, 그가 가지고 나올 다음 전략 등을 이미 다 꿰고 있다. 하지만 내면의 치열한 싸움과는 달리 나의 행동은 항상 지리멸렬하다. 그 잘난 교양과 집어던져버리고 싶은 도덕심 때문에, 나의 분노는 항상 용두사미로 끝난다. 흡사 가위 눌린 사람처럼 소리조차 내지 못하고, 마음속으로만 헛발질을 해댄다.

'이번이 끝이겠지. 설마 다음엔 안 그러겠지.'

몇 번이고 뒤집히려는 속을 어루만지면서 목까지 치밀어 오르는 뜨거운 것을 간신히 내려놓는다. 내 마음속의 이런 전쟁을 아는지 모르는지, 그녀는 내처 무심하기만 하다. 모르는 척, 못 느끼는 척 뭉그적거리다가 나는 내 뜻과 별 관계없이 그녀의 기생할 숙주宿主가 되어 버린다.

내가 시집와서 시집 식구 얼굴도 제대로 다 익히지 못했을 즈음, 하나뿐인 시누이의 이유 없는 트집은 나를 향하고 있었다. 친정어머니(내 시어머니)의 도움으로 얻어진 부를 마치 자기 것인 양 거드름 피우고, 출가외인이면서도 감 놔라 배 놔라 일일이 참견하는 것이 말이 아니었다. 나물 무치는 그녀의 손톱이 내 눈에 시뻘건 흉기처럼 느껴졌을 때, 그녀의 시집살이는 끝이 나버렸다. 바로 눈앞의 물건도 일하는 아줌마를 불러 젖히는 그녀를, 그녀의 시어머니인들 곱게 보았겠는가. 보따리를 싸들고 몇 번 친정을 왔다갔다하더니 너무 쉽게 이혼 서류에 도장을 찍고 말았다.

그 이후부터 그녀는 나의 껍딱지가 되어 버렸다. 이상한 것은 그녀와 나와의 관계다. 그녀는 그 부분을 너무나 당연하게 생각한다. 평생을 붙어 있으면서도 어쩐 일인지 그녀의 셈본은 고마움을 모른다. 단지 자기를 둘러싼 구도가 바뀌기 전보다 약간 풀이 죽었을 뿐이다. 떨쳐 버리고 싶은 순간에 더욱 친근한 말로 날 잠재워 버리는 그녀다. 생활을 영위해 나가기 위한 그녀의 적극적인 해바라기를 탓할 생각은 없다. 허지만 처세에 대한 그녀의 뛰어난 더듬이를 난 항상 증오해 왔다. 그녀는 언제나 부탁이라고 하면서 나를 꼼짝 못하도록 명령을 해 댔다. 관성의 법칙이 이런 곳에도 작용하는가. 나는 잘 길들여진 그녀의 푸들이었다. 항상 내 쪽이 방어적인 입장에 서야 하는 관계, 언제까지 나는 그녀와 같이 가야만 하는 것인가. 갚아야 할 더 큰 업이 나에게 남아 있다면 이 생애에서 마감해 버리고 싶다. 다음 세상엔 나는 좀 홀가분해지고 싶다. 새의 깃털처럼 가볍게 혼자 날고 싶다.

얼마 전 철가방 기부천사 김우수 씨의 장례식을 보았다. 살았던 집은 성인 한 명 누울 공간이었고, 재산이라면 월급 칠십만 원과 책상 위의 평소 그분이 후원하던 아이들 사진뿐이었다. 자신의 미래인 종신보험은 기부단체에, 신체 일부인 장기 기증까지 약속할 만큼, 그는 죽어서도 돌볼 사람이 많았다. '소갈딱지하곤,

좀 서로 나누어 주면서 살아가면 안 되겠니.'

어느 날 몇 만 볼트의 전기에 감전된 것 같은 이 소리는, 귀로부터 온몸을 타고 흘러내리며 내 가슴을 뜨겁게 울렸다. 예수를 안고 있는 피에타상의 마리아로 보이기도 하고, 미소 띤 부처님의 자비스런 모습이 되어 달래고 어르기도 한 것 같다. 늘 빼앗기지 않으려고 부둥켜안고 있는 나에게, 하느님은 어렸을 적 아버지의 말씀처럼 이렇게 말씀하시고 계신지도 모르겠다.

'소갈딱지 하곤, 좀 서로 나누어 주며 살면 안 되겠니.'

모든 사건은 누구의 입장에서 어떤 방향으로 이해를 해 주느냐에 따라 결과는 사뭇 달라진다는 것이다. 나는 내 입장만 알고, 나와 다르게 사는 사람의 경우에 대해서는 이해하려 들지 않았다.

누가 우리 인생에 재판관이 되어 상대방을 지탄할 수 있단 말인가. 알량하게 티끌 같은 적선을 베풀면서, 없어진 부분만 태산같이 크게 생각했다.

세월은 그녀에게도 나에게도 늙음을 가져다주었다. 저항하지 못할 업이라면 조용히 받아들이는 지혜로움과 겸허함도 함께.

침 한 방의 위력

"기억이 잘 안 나요."

큰 기업의 회장님은 알고 있는 단어가 일곱 자밖에 없는 것 같다. 그는 자신이 피고인 것을 잊은 사람처럼, 리듬을 타듯이 몸을 약간 흔들며 대답한다. '기억이 잘 나요'는 정박이고 '안 나요.'는 엇박자로 들어간다. 재즈의 달인이라고나 할까. 재즈는 멜로디를 리드미컬하게 연주하는 것이 가장 중요하다고 한다. 같은 곡을 연주하더라도 평범하게 해버리면 맛을 죽이는 것이 된다. 엇박을 잘 살려서 절룩거리는 스윙 감을 살려야 한다.

"증인, 당신은 지금 국회를 모독하고 있소. 빨리 진실을 밝히시오."

높은 회장님은 자기는 아무런 잘못이 없다는 듯이 당당한 태도로 오히려 국회의원들을 압도하고 있었다.

"잘 모르겠다는데 왜 그리 사람 말을 못 믿는 거요. 나는 단지 기업을 살리려고 애썼던 사업가에 불과하오. 당신들은 증거도 없으면서 지금 죄 없는 사람을 괴롭히고 있는 것이오."

"뭐라고, 당신을 국회 모독죄로 고발하겠소."

벌써 몇 시간째 그들은 소모적인 실랑이를 벌이고 있다. 온 국민의 지대한 관심을 모았으나 별소득 없는 말싸움으로 일관한 청문회가 되고 말았다. 현장을 취재하던 기자들도 지겨운지 연신 하품만 해댄다. 국회의원들은 구체적인 증거는 하나도 제시하지 못하고 무능하게 목소리만 높인다. 자기가 준 돈을 받을 대로 받은 위원들의 쓸데없는 질문들을 생각하니, 높으신 회장은 '픽'하고 웃음이 나온다. 중요한 서류는 이미 폐기하거나 안전한 곳에 숨긴 상태이다. 교도관들은 이유 있게 굽실거린다. 그들은 거북한 거래로 머리와 허리가 저절로 땅을 향한다. 그의 돈을 거절한 사람은 거의 없는 모양이다. 높은 회장은 남을 매수하는 데 일가견이 있다고 스스로 자부한다. 꿀 먹은 벙어리는 입을 다물 수밖에 없다. 먹지 않아야 할 꿀을 몰래 먹은 사람은 입 안에 꿀이 가득하기에 말을 할 수 없다. 고대 이집트 왕조는 뇌물을 시력과 청력을 빼앗는 마약이라고 규정하고 단속했다고 한다.

 어른들은 아이들이 꿀을 훔쳐 먹은 것을 뻔히 알고 있다.

 밤마다 몸이 싸늘해지면서 나는 마음대로 움직일 수가 없다. 가위눌림처럼 나를 가로막는 최악의 걸림돌에 짓눌려 옴짝달싹 못한다. 무심해지려고 해도 너무 힘들고 괴롭다. 사람은 상대방의 생각에 영향을 받지 않을 수가 없다. 왜 그 친구는 이유 없이 나를 미워하나. 아무리 생각해도 답이 나오지 않는다. 불교 신자인 이웃 아줌마는 '이유 없는'이라는 말은 어떠한 경우에도 있을 수 없다고 했다. 모든 것이 나로부터 나왔고, 현세가 아니면 전생에서라도 그 사람에게 '업'을 지었을 수가 있다는 것이다. 이토록 끈끈하게 날 괴롭히며 놓아 주지 않는 그에 대한 생각을, 인간관계를 허물지 않고 정리하는 방법은 없을까.

 싱싱하게 살아 있는 고등어를 잠재워 수명을 늘리는 고등어 침술 전문가의 놀라운 침술법이 공개됐다. TV 속에서 그는 등장하자마자 침 한 방으로 펄떡이는 고등어를 순식간에 잠재웠다. 예리한 송곳으로 고등어 아가미 근처 특정 부위를 몇 차례 '꼭 꼭' 찌른다. 그 비밀은 바로 고등어의 척수 신경을 마취시켜 가수면 상태로 만드는 것이다. 격하게 요동치던 고등어는 한 마리 순한 어린 양이 된다. 고등어는 성질이 급해 스트레스를 엄청 잘 받는 바닷고기이다. 나는 하등의 고등어 과인가. 무슨 일이 해결되지 않으면 펄펄 뛰는 게 차라리 고등어보다 못한 고등동물인 것 같다.

교감 신경을 침으로 차단해 버린 고등어는 마약 주사를 맞은 듯 얌전해진다. 율동이 별안간 리드미컬하게 바뀐다. 그 고등어를 물속에 넣으면 상체는 고정되고 스윙 감 있게 꼬리만 살랑살랑 흔드는, 착하고 느긋한 상태가 된다.

누구나 경혈이나 경락을 찾아 자극해 주면 신진대사가 원활해지고 몸이 가벼워진다고 한다. 침술은 통증을 억제하고 뇌하수체 호르몬의 하나인 엔도르핀의 분비를 촉진시킨다. 회장님의 뇌물을 삼킨 분들이 적군인지 아군인지를 잊어버리는 혼돈 상태에 빠뜨리는 것이 그렇고, 고등어의 율동이 별안간 리드미컬해지는 것이 그렇다. 교감 신경을 차단당한 고등어는 꼬리만 살랑살랑 흔드는 착하고 느긋한 상태가 되고, 높은 회장님의 마수에 걸린 청문회는 가장 심각한 순간에 한 편의 희극을 연출한다.

  나는 친구가 항상 곁에 있어 주고 내가 힘들 때 위로 받을 수 있으며 서로의 마음을 같이 나눌 수 있기를 바란다. 내 한 몸조차 버티기 어려운 현실에서, 쓸데없는 견제는 얼마 남지 않은 기운마저 모두 거둬가 버리기 때문이다. 할 수만 있다면 나의 아가미 어디에 침을 놓아, 눌러놓아도 다시 고개를 드는 자아와 그를 향한 열등감, 차곡차곡 혼자서 남몰래 쌓아 올린 쓸데없는 대립각들이 몹시 순하고 둔하게 연마되었으면 좋겠다. 그를 향해 꼿꼿하게 긴장하고 있는 수만 개의 정교한 촉수들을 신통한 침술로 마비시키고 힘을 빼어 버릴 수 있기를 소망한다. 나의 좁아터진 소갈머리를 탓하고 미워한다. 하지만 시치미를 떼고 두 얼굴을 가지는 일이 나에게는 그리 쉽게 어울릴 수 없는 힘든 역할인 것 같다.
  그리 중요하지도, 심각하지도 않은 일에 진을 빼고 있는 나에게, 잠깐의 생각 전환으로 행복한 상태로 바뀌게 되는 일은 매우 놀라운 충격이었다. 한 번의 따끔한 자극으로 무아의 세계가 열리는 한 마리 유연한 고등어를 본다. 그리 예민하게 스트레스에 반응하지 않으면 비늘이 까지지도 않고 육질이 손상되지 않는 세상을 보증한다. 시치미를 떼고 익숙하게 두 얼굴이 되는 일이, 세상을 살아가는 데 있어 체력 소모를 줄이고 살에 기름기가 오르게 하는 능력이 되고, 고속도로를 질주하는 안전한 길이 됨을 보여준다. 게다가 생존 기간을 어느 정도 더 늘릴 수 있다는 것이다.

지옥과 천국의 차이는 결국 '침 한 방의 위력'에 달렸을 뿐이다.

손이 못나서

밤은 가엾은 여자에게 용기를 가져다 주었을까. 자기를 멀리하는 남편의 잠자리에 베개를 들고 쳐들어간 숙모의 이야기는 우리 일가친척이라면 모르는 사람이 없다. 웬만하면 모르는 척 품어 주었으면 좋았을 것을……. 삼촌은 잠옷 바람에 뛰쳐나가 그 길로 여관으로 가버렸다.

숙모가 인물이 못난 것도 아니고 초등학교에서 선생질한다면 배울 만큼 배웠고 친정도 농사 마지기나 짓는 빠질 것 없는 집안이었다. 그런데도 못 볼 것을 본 것처럼 기겁을 하고 도망 다니는 삼촌을 보면 인연은 따로 있는 것이 아닌가 싶다.

"숙모를 보아라. 여자가 손가락이 못생기면 남편에게 사랑을 못 받는다더라."

엄마는 항상 그런 식으로 얘기했다. 그 말속에는 엄마의 손이 예쁘다는 자만심과 아버지의 사랑을 듬뿍 받고 살았다는 자신감이 배어 있다. 큰딸인 나는 아버지의 두툼한 손을 닮았고, 그래서 그런지 노상 남편에게 절절 매고 살고 있는 것을 익히 봐 온 터이다. 내심 그런 나와 왕비 대우를 받는 본인과의 차별화를 하고 싶은 속마음이 깔려 있음을 잘 알고 있다. 전혀 이치에 맞지 않는 얘기라고 엄마의 말을 묵살해 버리고 싶은 마음도 있다. 남편에게 버려진 숙모의 불행을 어찌 못난 손 탓으로만 돌릴 수 있겠는가. 그런데도 엄마의 그 말은 좀처럼 쉽게 넘어가지 않고 생선가시처럼 내 목에 걸려 있었다.

숙모의 불행을 보아 넘기기 안타까워서가 아니다. 나에게 전혀 해당 사항이 없었더라면 쉽게 넘어갈 수도 있는 일이다. 재미있는 얘깃거리가 되어 나도 엄마처럼 '손가락과 남편의 사랑에 대한 연관성'을 입증하고 다니는 사람이 되어 있을 수도 있다. 나의 손에 대한 열등감은 만만치 않다. 어쩌다 다른 사람이 악수하자고 손이라도 내밀면, 식탁 밑이나 호주머니 속에서 몇 초간

남모르게 분주하다. 손등끼리 몇 번 비비고 문지른 후에 겨우 손을 내미는 것은 자주 있던 일이다.

그래서인지 누구의 남편이 바람을 피운다든가, 부부 사이가 원만치 못하다고 하면 나도 모르게 그 여자의 손을 확인하는 습관이 생겼다. 그 여자가 길고 고운 손가락을 가지고 있으면서도 남편의 사랑을 받지 못한다고 생각하면 순간 나도 모르게 연관성을 부인하고 가슴은 금세 희열로 가득하다. 손가락이 짧고 매듭도 굵은 손을 가진 여자가 남편에게 버림받은 것이 확인되면, 엄마의 말씀을 부정할 길이 없어 나 혼자 하루종일 안절부절못한다. 남편이 나에게 잘해 주는 동안은 손에 대해 별로 신경쓰지 않았다. 어쩌다 서운한 말을 듣는다든가 인정 없는 행동으로 대하는 것을 보면 결국 '올 것이 왔구나.' 하는 심정으로 엄마의 말씀을 떠올리게 된다. 하루는 부정하고 기뻐하고, 다음 하루는 긍정하고 슬퍼한다.

사람은 얼굴 다음으로 많이 보여지는 것이 손이다. 우리가 살아온 역사를 굳이 말하지 않더라도 우리는 손만 보면 그 사람을 어느 정도 알 수 있다. 손은 사람과 사람의 관계를 이어 주는 매개체이다. 입으로 서로의 의사를 주고받고 눈으로 관심을 표할 수도 있다. 서로의 진심을 가장 가깝게 느낄 수 있는 것은 손과 손의 접촉으로 체온을 나누는 일이다. 관계의 고리를 만드는 데 있어서 정신적인 일치도 중요하지만, 육체적인 합치는 어느 순간에 모든 일을 수월하게 만들어 준다. 아마 숙모의 거사도 수많은 언어보다도 한순간의 육체적인 합치로써 풀어내지 못한 많은 매듭을 뛰어넘고 싶었던 것 같다. 해결하지 못한 어려운 일이 있을 때 '우리는 손을 쓴다.'라고 말하지 않던가.

조국 폴란드를 찾은 교황 요한 바오로 2세가 모국의 땅에 키스[親口]를 하고 사제들의 발을 몸소 씻어 주어 자신을 낮추는 것을 우리에게 보여 주셨다. 왜 하필 발인가. 발은 가장 대우받지 못하고 낮은 곳에서 실천하는 자의 상징인 것이다. 자기 자신을 나타내지 않고 힘든 일을 도맡아 하는 사람들에 대한 위로이다. 그렇게 고생하는 발을 씻어 주고 닦아 주는 것이 손이 아니던가. 희생이란 단어를 빼고 손을 얘기할 수는 없다. 그 손이 거칠어지고 매듭이 굵어진 손일수록 얼마나 자신을 아끼지 않고 봉사했는가를 큰소리로 웅변해 준다. 손의 겉모양이 예쁘고 안 예쁜 것이 어떻게 사람의 일생을 움직일 수 있단 말인가.

표피적인 아름다움은 그리 오래가지 않는다. 삶의 깊이를 모르는 자의 눈으로 보면 숙모의 손은 아름답다고 할 수는 없다. 중풍에 걸려 반신불수가 되어버린 삼촌을, 눈을 감을 때까지 거두어 준 것은, 그가 그렇게 멀리하던 숙모의 손이었다. 그 손으로 장애자들을 거두어 주는 대모가 되었고, 젊었을 때 자기를 소홀히 대한 자를 큰 손으로 받아 주었다. 살아 있을 때는 부자유스런 그의 몸을 구석구석 닦아 주었고, 차가워진 뒤에는 그의 사체를 애정 어린 손길로 염습해 주었다. 그날도 나는 습관적으로 숙모의 손을 보았다. 내 눈에 들어오는 숙모의 손은 눈이 부시도록 아름다웠다. 일가친척 누구도 숙모가 버림받은 여자라고 말하는 사람은 없었다.

산을 내려오다

벌써 여름을 멀리 보냈다. 산속 깊이 가을을 받아들인 지가 제법 짧지 않건만, 아직도 군데군데 들꽃들의 여름 잔치는 끝나지 않았다. 이 하늘 저 하늘에서 금빛 은빛 따사로운 햇살이 쏟아진다. 창조주가 베푸시는 무상의 축복과 아름드리로 열린 열매들이 있어, 가을 산은 느긋하고 풍성하다. 야트막하니 누워 있는 산허리를 타고 다람쥐 들꿩들이 저희 집 놀이터처럼 편안하게 드나드는 풍경이 동화 속 그림인 양 친근하다.

산은 매캐하고 탁한 공기를 거두어 가고 새로 짠 우유처럼 신선하고 달콤한 기운을 내민다. 우리가 피로하고 지칠 때마다 어머니 곁을 찾듯이, 산은 거기에 존재하는 것만으로도 우리를 재

창조해 준다. 밤새 얼마나 못난 자신을 학대하고 자기의 탄생을 저주했던가. 할퀴고 쥐어뜯어 상처뿐인 긴 밤을 지나고 난 뒤, 어머니의 따뜻한 손길에서, 어머니의 아무렇지도 않은 몇 마디의 말씀으로, 우리는 힘을 얻곤 한다. 사람 마음을 움직이는 것은 철학이 아니고 사랑이다. 산은 우리가 너무나 소중한 존재이고, 누구에게서인가 한없이 사랑을 받고 있다는 확신을 주어, 우리를 세상으로 돌려보내 준다. 산은 그렇게 관용과 아량으로 사정없이 찢기어진 우리의 마음을 치유해 주는 것이다.

짙은 녹색의 밀림같이 치밀하던 산속이 갈색의 잎사귀 사이로 하늘을 내보인다. 산속의 얼굴이 계절 따라 여러 가지로 바뀌듯이 어머니의 모습도 세월 따라 다르게 다가온다. 초등학교 시절의 어머니가 떠오른다.

틀어 올린 머리카락 아래로 하얀 목덜미가 아름다워, 모두들 들꽃 같다고 표현하는데 인색하지 않았다. 내 청춘 시절의 어머니를 굳이 산과 바다에 비유하자면, 어머니는 그를 에워싼 환경에 민감하게 출렁이는 바다였다. 밀려나가면 다시 돌아와 확인하고, 또 쓸려나가면 다시 밀려와 우뚝 서는 강인함, 조류의 인력과 원심력 같은 상대성, 비바람 몰아치면 바위에 자기 몸을 부딪쳐 하얗게 부서지기를 겁내지 않았던 절대적 희생.

연약하여 들꽃 같던 과거, 격정으로 휘몰아치던 어머니의 사진은 이미 과거로 보내져 버렸다. 모든 것을 다 비워 버린 산이 공空의 의미를 가르치듯이, 지금의 어머니는 그의 후광으로, 그가 존재하는 것만으로 우리를 키운다. 그가 묵묵히 버티고 있어 우리는 그의 산허리 같은 침묵으로 옳은 것과 그른 것을 가른다.

바로 어젯밤의 일이다. 동물적인 신음소리에 반사적으로 눈이 떠졌다. 공간을 나누어 써 보지 않았던 사람은 숨소리 기침소리, 바스락거리는 이불 소리들에도 일일이 낯설게 반응한다. 한밤중에 다리가 풀려 제대로 일어서지도 못하는 어머니를 본 후, 안 되겠다 싶어 나도 산을 오르기로 했다. 어차피 인생이 밟아 가야 할 순서라지만, 피해 갈 수만 있다면 피하고 싶어서이다. 빨리 걸으면 가슴이 아프고 숨이 가쁘다며 연신 먼저 가라고 손짓을 해대는 어머니.

늙어 간다는 것에 대하여 나는 아직 한 번도 가 본 적 없다는 이유 하나만으로 당신의 틈입을 외면했다. 어리석게도 사람들은 자기가 늙기 전까지는 남의 일이라 여긴다. 그래서 젊음은 어리석고 배려란 걸 모른다. 산을 오를 때 혹은 순서 없이 걷는 일에서 조차도 누구를 앞세우는 일을 견디지 못했던 나의 무지無知와 젊음의 무모함을 반성한다.

지금 그 모습 그대로 아들과 나로 자리만 치환된 모습이다. 올라가는 길은 처음 생각했던 것보다 점점 가팔라지고 가슴을 끌어안아도 헐떡거리는 소리는 점점 커진다. 왜 빨리 쫓아오지 못하는가를 짜증스러워했던 나와 어머니와의 간격만큼, 똑같은 거리를 두고 아들이 나를 재촉한다. 한 계단 다음엔 쉴 틈도 주지 않고 다른 계단이 다가온다. 살아오는 동안 어느 순서가 예고하고 닥쳤던가. 어렵고 힘든 일일수록 숨 돌릴 사이도 없이 다가와 앞을 가로막아 버린다.

정상은 노력하는 자에게 주어지는, 땀으로 얼룩진 열매이다. 돌아보면 나의 시계視界에는 늘 정상만 존재해 왔다. 주위의 아름다움에는 시력이 미치지 못하는 근시안으로 살아왔다. 나무도 있었고 바람도 있었고 산새들의 지저귐도 그대로이건만, 영혼을 다른 곳에 주어 버린 나에게는, 신의 축복조차도 정상에 이르기 위한 계단이고 과정에 불과했다. 나의 인생은 길고 무의미한 투쟁으로, 헛된 소비와 종족보존의 역사로 끝이 날 것 같다. 아름다움을 찬양하고 영혼을 휴식하는 일을 죄악시하고, 나누고 사랑하는 일조차 간과했다. 산봉우리엔 인간이 이룩한 정복감과 신이 덤으로 던져 주는 휴식이 공존한다. 모든 사람에게 마음을 열기 시작한 뒤에야 알게 된 것은, 내가 형편없이 모자라고 아주 미미한 존재라는 사실이다. 궁극적으로 무지를 깨닫고 그것에 대한 물음을 통하여 막다른 벽 속에 머무는 것을, 소크라테스는 무지無知 속의 지知라고 일컬었다. 여름 동안 부지런히 꿀을 모은 벌이 쉬면서 겨울을 나는 이치를 배운다. 올라갈 때 힘들여 수고했던 보답일까. 내려오는 길은 참 빠르고 쉽게 열어 주신다. 바랄 수만 있다면 병들고 초라해지는 과정 없이 목적지에 다다르고 싶다.

내려다보이는 산은 다투어 다른 계절의 옷으로 갈아입고 있다. 인생의 내리막길에 들어서서야 빈 몸으로 돌아가는 홀가분함을 깨닫는다. 일생 동안 무겁게 끌어안고 다니던 보관품은 모두 제자리에 보내 주어야겠지. 이제 더러워진 누더기옷을 벗고 새 옷으로 갈아입을 때, 저 들판의 꽃들처럼 눈물 없이, 아무런 저항 없이 자연의 섭리를 받아들일 수 있겠다. 조용히 순응하는 겸허함을 배우고 싶다.

겨울을 맞이하는 가을산은 조용히 옷을 벗고 눕는다. 그리고 지친 우리를 자기의 품속에 재워 주며 영원한 안식으로 이끈다.

대표적 소피스트인 고르기아스는 우리네 인생을 이렇게 표현했다.

'아무것도 존재하지 않는다. 존재하여도 이해되지 않는다. 이해된다 하여도 남에게 전할 수가 없다.'

내려오는 길은 올라갈 때보다 사물을 더 잘 볼 수 있는 눈을 갖게 한다. 별로 갈증을 느끼지도 않게 한다.

산길을 거지반 다 내려오고 나서야 비로소 철이 조금 든다.

4
다 가져가셨습니다

같은 상황이 어떤 존재에게는 죽음을 초래하고
어떤 존재에게는 삶을 보장하는 것이 우주의 원리인 것이다.
다만 그 결과를 조용히 받아들이는 것이 사람의 인생이다.

계란찜

우연히 오래된 그의 노트를 보게 되었다. 지인들의 전화번호와 주소가 흘려 쓴 글씨로 무표정하게 나열되어 있었다. 노트를 반 정도 넘기다가, 낡은 사진 몇 장을 발견했다. 동물원에서 아이들과 어울려 찍었던 오래된 흑백사진, 보기에도 촌스러운 우리의 결혼사진이 수줍게 숨어 있었다. 가족을 떠나 해외에 오래 체류해야만 했던 남편의 여행가방 속 필수품이었던 모양이다. 더러는 색이 바래고 그 중 몇 장은 공기를 접하지 못해서인지, 하얗게 곰팡이가 덧씌워져 있었다. 숨어서 피어났던 것은 곰팡이만은 아니었다. 빛바랜 사진 위에는 '사랑하는 아내' '사랑하는 나의 가족'이라고 씌어져 있었다. 자식이건 아내건, 감정을 드러내는 것을 극히 천하게 생각하고 꺼려 왔던 남편만의 특별한 사랑 방법이기에 별로 놀라운 일은 아니었다.

가족사진보다 더 꼭꼭 숨어 있었던 것은 따로 있었다. 노트의 맨 끝에 깨알 같은 글씨로 적혀 있는 음식의 요리 방법이다. 혹시라도 남의 눈에 띄지 않으려고 애써 숨긴 흔적이 엿보인다. 그가 혼자 있을 때 필요하다고 생각해서 적어 놓은 것 같다.

> 큰 냄비에 해바라기 모양의 찜 기를 넣는다. 물은 찜 기가 잠길 듯 말듯하게 담는다. 둥그런 국그릇처럼 생긴 도자기에 계란과 같은 분량의 물을 넣는다. 흰자를 응어리가 안 지도록 잘 풀고 새우젓이나 명란 등 좋아하는 재료를 첨가한다.

시집와서 이 나이 되도록 나는 방이나 마루청을 맨발로 한번 밟아 보지 못했다. 내 발은 아무리 더운 여름이라도 꼭 덧버선이나 양말 속에 숨어 있어야만 했다. 몇 대 위의 시할머니이신지는 잘 몰라도 밤에 속곳 바람으로 뒷간을 드나들었다는 이유로 집에서 쫓겨났다는 얘기를 들은 적이 있다. 노론의 후예라는 족보를 무슨 신주단지 모시듯 끌어안고 살아가는 모습이, 가끔 내가 살고 있는 이 시대가 당파싸움만 하던 조선의 정조 시대가 아닌가 하는 착각이 들게 만든 적도 많았다. 내가 너무 크게 웃는다든지, 걸음걸이가 너무 씩씩하다든지 하면 양반집 규수 얘기를 들먹이곤 했다.

'애기야. 그게 그렇다.'로 시작해서 '이런 사실을 꼭 명심하거라.'로 끝을 맺으신다.

그런 이 집 식구가 하나같이 즐기는 음식이 바로 계란찜이다. 시할아버지부터 우리 아들에 이르기까지 한결같이 좋아해서, 아침 저녁상에 한번도 거르지 않고 오르는 메뉴이다. 한번쯤 여자들 차례가 오나 하고 찜 도자기 밑을 긁어 보지만, 신기하게도 늘 빈 그릇이 되어 나온다.

'이것이 양반의 음식이 아니고 천민의 음식이라면 얼마나 통쾌할까.'

나는 늘 그런 상상을 하며 즐거워했다. 어떤 때는 음식 사료史料를 다 뒤져서라도 멋지게 망신을 주는 장면을 그려 보지만, 그게 그렇게 쉽지 않아 아직도 뜻을 이루지 못하고 있다.

조선 후기에는 노론이 주류를 형성한다. 남인이 인위적으로 제거된 정치판에서 소론은 간신히 야당의 역할을 대신했으나 그 세력은 미미했다. 이때는 국왕도 비주류일 뿐이었다. 탕평책을 써 보려고 노력했던 개혁 군주 정조의 죽음으로 노론의 시대는 연장된다. 200년에 걸쳐 집권한 노론은 조선의 멸망에 아무런 책임도 지지 않았다.

우리 집의 주류는 남편과 시댁 식구들이었다. 시댁 식구는 우리 가정에 아무런 도움을 주지 않으면서도 늘 당당했다. 밥상도 같이 차리는 것을 허락하지 않으셨다. 이것저것 항상 요구하는 권리를 행사할 수도 있었다. 반면 아내인 나와 우리 친정은 가정을 위해 헌신하고 베풀면서도 늘 비주류였다. 방문도 되도록 삼가고 한구석에 조용히 있다가 되돌아가곤 했다. 내 나이 사십이 다 되도록 우리 엄마는 늘 딸 가진 죄인이었고 딸을 빈손으로 내맡긴 위탁자이었다. 반면 남편이 몸이 몹시 아프거나 사회적으로 힘들고 어려울 때는, 시댁 식구는 으레 손을 털고 나가버리는 방관자였다. 나와 친정식구들의 노력으로 이루어진 결과에 대해 이렇게 해야 옳았다는 둥, 저렇게 해야 좋았다는 둥 뒷담화만 늘어놓는 비평자의 입장이었다. 흡사 노론이 권세만 누리고 나라의 흥망에 대한 책임을 지지 않은 것과 무엇이 다르랴.

계란찜을 준비하는데 가장 유의해야 할 것은 계란과 물이 같은 분량이어야 한다는 점이다. 계란이 많고 물이 적으면 계란찜이 석회질처럼 딱딱해지고 만다. 계란찜 특유의 유동적이고 부드러운 맛을 잃게 된다. 물이 계란 양보다 많으면 오래 불 위에 놓아두어도 계란이 쉽게 엉기질 않는다. 맑은 국물이 안 생기고 노란 계란 국물이 보이면 계란보다 물의 양이 많은 것이다. 또 노른자와 흰자를 서로 섞어 응어리가 안 지도록 풀어야 계란찜이 부드러워진다.

계란과 물이 같은 양이어야 좋은 찜이 되듯이, 남편과 아내도 정삼각형의 양변처럼 등변과 등각을 이루어야 한다고 생각된다. 우리가 새댁이었을 때는 양반집 규수라든가 음전한 여자라든가 하는 이름으로 너무 많은 자유와 권리를 구속해 왔다. 반대로 남자들은 힘센 가장이라고 자기만을 위할 것을 고집하거나 생활력이 없는 아내에게 너무 큰 목소리를 내었던 것 같다. 용수철이 눌려진 만큼 튀어 오르듯 요즘은 오히려 아내들이 남편에게 너무 큰 희생을 요구하는 것 같아 그것도 눈에 거슬린다. 남자들은 밖에서 돈도 많이 벌어 오고, 집에 오면 기생처럼 살가워져야 '남편 칠거지악'을 면한다 하니 격세지감을 느낀다.

  노른자와 흰자가 서로 섞이어 응어리가 안 보이도록 풀어져야 맛있는 계란찜이 되듯이, 상대방을 위해 자기 형체를 없애 버리는 희생이 있어야 비로소 가정이 하모니를 이룰 수 있다. 무엇보다도 계란을 담은 도자기를 불 위에 올려놓고 참을성 있게 오래 기다려야만, 부드럽고 모양도 예쁘게 쪄진 계란찜을 얻을 수 있다. 가정생활도 무던히 참고 기다려야 그 완성품이 아름다워지지 않겠는가.

  계란찜을 그렇게 많이 먹었던 남편이나 계란찜의 고수라고 할 만큼 많이 만들어 낸 나도, 서로가 서로에게 녹아드는 법을 몰랐다.

  사진 속의 남편은 아직도 모든 것을 다 받아 줄 것 같은 미소로 웃고 있다. 내 모습은 파뿌리가 될 때까지 희생과 순종을 맹세하는 시골 처녀 같다.

  사진 속의 나는 정말 나였던가. 기억이 점점 멀어진다.

  낡은 사진을 다시 제자리에 끼워 넣는다.

구도

바깥 날씨는 꽁꽁 얼어붙었다. 고집 센 영감의 노기처럼 당분간 그 기세는 수그러들기 어려울 것 같다. 맨발조차 댈 수 없는 뜨거운 방에서 춥다고 두터운 이불을 뒤집어쓴다.

몸살감기다.

아픈 건 몸인데 마음이 먼저 저려 온다. 날씨가 추우면 왜 사는 것이 무서워질까. 나는 가끔 추위와 남은 인생을 연관시키며 두려워한다. 하느님은 무슨 뜻으로 능력 없는 나를 혼자 걷게 만드셨을까. 늘 주변머리 없다고 안타까워하던 그 양반의 말이 새삼스럽게 떠오른다.

인생의 반나절, 아니 그보다 더 길지 않은 시간을 달려온 것 뿐인데, 하루 종일 쉬지 않고 뛰어온 사람처럼 힘겹다. 짧은 달음박질 속에서조차 헐떡이는 허약함……. 내내 누워만 지내왔던 삶이란 말인가.

숨가쁘게 차오르는 내 삶은 겨우 어깨 너머로 숨을 몰아쉰다.

누구나 내달리며 헐떡이지만, 오늘은 먼저 달려갔던 사람들의 숨소리가 궁금하다.

자신과의 투쟁에서 얼마나 많은 승리를 거두어야 비로소 넉넉한 여유로움을 갖게 되는 것일까. 나는 원초적이고 원시적인 문제에 전전긍긍하며 힘겨워하고 있다. 이 문제가 나에겐 스타트라인이면서 데드라인이 될 것 같아 두렵다. 문밖을 나서면 자동차들이 휑하니 달려가고 있다. 모두 바쁘다. 자동차들은 서 있는 걸 보아도, 달리는 걸 보아도 차갑다. 길바닥은 모두 시멘트로 포장되어 아무도 속을 알 수 없다. 땅속의 흙도, 나무도 숨을 제대로 내쉴 수 없어 질식할 것만 같다.

우리는 서로가 서로에게 아무것도 건네주지 못하고 있다. 서로 바라만 보고 있는 남녀의 모습들이 모두 멈춰 있다. 사랑을 줄 수 없어……. 모든 것을 속시원히 털어놓을 수 없어……. 그래서 결국 그것이 사랑이었는지 아니었는지 헷갈리게 하고 있다.

이런 추위에, 이만큼 아픈데 선뜻 전화기를 들어 불러들일 사람이 없는 것을 생각한다. 인생을 잘못 살아온 것 같은 느낌이 든다. 그나마 집에 돌아오면 꼬리를 흔들며 날 진심으로 반겨 주던 복동이조차 나가 버린 후 집안은 더욱 적막한 것 같다. 잠깐 동안 까닭 모르는 눈물이 핑 돌고 눈물 때문에 앞이 흐려진다.

…외로우니까 사람이다. 살아간다는 것은 외로움을 견디는 일. 공연히 오지 않는 전화를 기다리지 마라.…

이 무슨 어리광이란 말인가. 내 자신이 나를 일으켜 세우며 꾸짖을 때 밖에서 부자 소리가 들린다.

후배가 찾아왔다. 작년 추석에 보고 처음이다. 옷도 남루하고 얼굴도 까칠하다. 빚에 몰려 숨어 다니다 더는 갈 데가 없어 찾아왔노라고 했다. 그때는 이보다 좀 몰골이 괜찮았었다. 얼굴은 바싹 마르고, 건조한 피부에 겉도는 화장기, 말끝마다 눈물짓는 그녀에게서 옛날의 철없던 그녀를 찾아보긴 힘들었다. 이제는 떠나보내는 일이 힘들 것 같아 그 생각이 걱정보다 앞선다.

몇 개월 전만 해도 우리는 제법 백화점 세일 이야기나 남편 흉보기로 밤을 지새웠었다. 유난히 말이 많고 시작한 말이 끝이 없어, 그녀의 말 사이사이로 끼어들기 하느라, 백 미터 경주의 출발점에 서 있는 선수마냥 긴장하던 때도 있었다. 정말 유쾌한 기억이다. 유난히 요령이 없고 특별한 생각이 없는 어수룩한 그녀를 난 좋아했다. 동병상련이라고나 할까. 그녀를 보면 늘 내가 겹쳐져 보였다.

 유례를 찾아볼 수 없이 바닥을 헤매는 건설 경기 탓인지, 그녀의 남편은 집까지 남에게 내주고도 모자라 식구가 뿔뿔이 흩어져 사는 형국이 되었다. 그녀의 잘못이라고는 사업을 잘 이끌어 가지 못하는 남편을 둔 죄, 사회생활에 남들처럼 민첩하게 대응하지 못하는 우둔함, 세상을 마주하는 순수한 눈이 유죄라면 유죄일 게다. 세류를 파도타기 하듯이 잘 넘기는 사람에겐 쉽고 호의적이면서, 유독 약한 자에게만 사회는 왜 이렇게 매몰차기만 할까.
 그것이 구멍인지 함정인지도 모르고 뚜벅뚜벅 걸어가는 사람에게는 혹독한 매질이 되어 돌아온다.
 우선 밥을 먹여야겠다고 생각했다. 설마 밥이야 굶었을까마는 그 밥이 마음 편하고 따뜻했겠는가. 퍼질러 누워, 일으켜 세우기 힘든 황소처럼 무거웠던 내 몸과 마음이, 언제 그랬나 싶게 날렵하게 움직여졌다. 다리가 좀 떨리기는 했지만 후배는 눈치채지 못하는 것 같았다. 안심이 된다. 나보다 더 못한 사람을 만난 반가움일까. 아니 내가 보살피고 도와줄 사람이 있다는 사실이 나에게 위로가 되고 있는 것일까. 기운이 솟는 것 같았다.

후배는 밥맛이 없다고 했다. 피해자의 고소로 법원에서 곧 벌금형이 떨어질 것이라고 했다. 돈을 못 갚아서 피해 돌아다니는데 웬 벌금형이란 말인가. 내 상식으로는 사회의 모든 규약이나 법조문 등이, 없는 자에겐 너무 가혹한 것 같다.

우리는 서로의 아픔을 감춘 채 무슨 의식을 행하는 사람들처럼 밥 먹는 일을 끝냈다. 나는 내가 한술이라도 더 떠야 후배가 부담이 적을 것 같아서였고, 후배는 선배가 차려 준 밥을 맛있게 먹어 줘야 할 것 같아 꾹꾹 집어넣는다. 우리는 밥 먹는 일에 몰두하는 것처럼 서로 연기하고 있었다. 쉽게 적응함을 가장했지만, 서로의 무의식 속에서는 죽음 바로 그 직전까지 가는 거부의 몸짓, 반항의 몸부림을 연출하고 있었는지도 모른다. 생의 무거움과 존재의 가벼움으로 방황하는 우리의 외로움을 깊숙이 들이킨다. 목젖이 데이도록 뜨거운 커피를 훌쩍훌쩍 마셨다. 그 사실을 잊어 보려는 사람들처럼.

자고 가라는 내 말을 뒤로하고 후배는 그래도 잘나나 못나나 남편이 걸리는지 황황히 자리를 떴다. 쥐어 주는 봉투를 받는 후배도 그 장면이 서툴렀고, 나도 그 순간이 힘들어 빨리 작별을 끝내 버렸다.

　서로의 감정을 속이며 꾹꾹 밀어넣었던 것들이 일제히 고개를 드는 것 같았다. 후배가 나에게 주고 간 감정들, 내 속에서 꺼내지 못하고 잠수해 있던 쌓인 감정들이, 막 물에 들어간 드라이아이스처럼 큰 소리로 들끓는다. 한꺼번에 튀어나와 무슨 삼일절 같은 궐기대회를 하고 있는 것 같다. 밤새 토하고 또 토하고, …좀처럼 멈춰 주질 않는다. 무슨 할 말이 그리도 많은 것일까. 쏟아 낼 것 있으면 모두 쏟아 내야지… 내 속에 나도 모르게 들어가 자리 잡은 각자의 주인 없는 객체들이 튀어나오는 소리가 들린다.

　우욱.

아픈지 시원한지 모를 비명을 질러 본다.

　타인의 존재를 인식하는 데서부터 구역질이 마련되었고, 다음에는 그들 속에서 자기 존재의 의미를 상실했을 때 또 다른 구역질이 뒤따른다.

　우욱.

가난한 자존심

노부부는 나란히 웅크리고 앉아 있다. 휘어진 등이 흡사 물을 떠난 거북처럼 가엾다. 펴놓은 전(廛)을 거둬들이지 못한 채, 객이 없는 침묵의 잔치는 아직도 끝나지 않았다. 뜨거운 여름 불볕 아래 한 무리의 선인장이 진시황의 군대처럼 나란히 병렬해 있다. 아침에 벌여 놓은 그 자리에서 옆으로 비껴 앉지도 못한 채, 열한 개의 식물은 부동으로 빤히 서로의 얼굴을 살피고 있다. 하나, 둘, 셋……, 열하나 아무 생각 없이 또 숫자를 세어 본다. 아침에 세어 둔 숫자 그대로이다. 긴 기다림에 고개를 숙일 만도 한데 아직도 꼿꼿한 그 표정에 기품이 넘쳐난다.

아주 인적이 없는 곳도 아닌데, 그 많은 사람들은 대체 어디로 비켜 갔단 말인가. 눈 한 번 맞춰 주지도 않고 그저 바쁘게 지나친 모양이다.

점심때가 한참 지난 시각이다. 젊은 아가씨가 노부부 옆에 자신의 리어카를 갖다 붙인다. 리어카에는 막 피어난 꽃들이 그녀의 젊음과 어울려 더욱 선명하고 화려하다. 아무도 그 권위를 누를 수 없는 장미, 빼어남과 풍성한 자태를 자랑하는 수국, 숭고하고 우아한 능소화와 순수하고 청순한 나리꽃까지…….

젊은 여자는 검은 머리를 길게 한쪽으로 묶어 뒤로 넘어뜨렸다. 흡사 인디안 처녀처럼 햇빛 속에 생기발랄하다. 가지고 온 꽃들과 자신의 젊음에 대한 자신감으로, 개선장군인 양 의기양양해 보인다. 노부부 옆에는 기웃거리는 사람조차 없다. 굳이 오랫동안 관망하지 않아도 대세는 이미 한쪽으로 기울어진 듯하다.

선인장은 가슴이 답답하다. 자신을 알아보지 못하는 현실이 안타깝다. 아침부터 전혀 숫자가 줄지 않은 선인장 곁에, 노부부는 옆의 리어카까지 신경을 써야만 하게 되었다.

선인장은 적군과 대치하고 있는 총을 멘 군인이다. 그것의 아름다움은 팽팽한 긴장 속의 질서정연함과 단순함으로 표현된다. 옛 선비의 과묵함과 중후함으로 가벼움을 멀리한다. 리어카 속

식구들의 경박한 화려함과 비교되기에는, 그들의 향기는 속으로 깊숙하게 감추어져 있다.

쪼그라지고 주름투성이인 노부부를 배경으로, 선인장은 더욱 표정이 어두워진다. 자신의 순수함은 리어카 속의 수다스런 화려함 속에 묻혀 버릴지도 모른다. 자신을 인정하고 알아줄 고객을 만나기가 더욱 어려워진 것 같다. 노인 부부의 고개는 아침보다 반쯤은 더 떨어진 듯하다.

어떤 식물은 화려한 꽃을 피워서 다른 사람의 관심을 끌어모은다. 꽃이 화려하고 아름다워서 가까이하고 싶고, 향기를 잊을 수 없어 한번 다시 찾게 된다. 물론 화려한 꽃은 그들을 찾아 주거나 사랑받는 것에 관심을 두지 않는다. 그의 화려한 과거가 이미 자신의 아름다움을 증명해 주었고, 별 노력 없이 힘들이지 않고 남을 즐겁게 할 수 있다는 것을 너무 잘 알고 있기 때문이다. 그는 아무 이유 없이 세상으로부터 충분한 사랑과 보상을 받게 된다.

몇 명의 여자들이 환하게 꽃이 핀 리어카 속의 화분을 사 들고 왁자지껄 떠들며 지나간다. 노부부가 팔고 있는 선인장 진열대 앞에 선다. 몇 번을 만지작거리다 던지듯 다시 놓고 간다.

세상에는 선인장이 되어 사는 사람이 있다. 남을 끌어당기는 화술도 없고 번쩍이는 액세서리 같은 치장도 하지 않는다. 사람들의 관심을 끌기 위한 겉치레를 줄이고 화려한 말들의 소용도 줄인다. 역경을 이겨내기 위한 마음 줄기를 강하게 돋운다.

선인장은 다른 사람을 배려하느라 자신을 돌아볼 기회를 놓친다. 매일 물을 주고 사랑을 주지 않아도 자란다. 어쩌다가 한 두어 차례 찾아 주는 비와, 오랜 동안 잊혔다가 방문해 주는 인정을 고맙게 생각한다. 그가 그렇게 버틸 수 있는 것은 좀처럼 낭비하지 않고 조금씩 조금씩 나누어 쓰는 근검의 결과이다. 사막 한가운데서도 살 수 있도록 튼튼한 바람막이를 입고 억센 털과 가시를 세웠기 때문이다.

'저렇게 철저히 방어했으니까 남의 사랑 따위는 필요없겠지. 가시가 있어 가까이 다가서면 내가 찔릴지도 몰라.'

선인장은 미리 갑옷을 둘둘 두르고 있기 때문에 사람들은 가까이 다가가기를 꺼린다. 대신 겉모양이 요란하고 쉽게 자신을 드러내보이는 꽃들에게는 쉽게 관심을 보낸다. 모두들 고개를 돌려 다른 곳을 향한다.

두꺼운 껍질에 둘러싸였지만 선인장은 춥다. 자신을 보호해 줄 울타리가 있으면 좋겠다고 생각한다. 마른 모래바람이 일면 자기도 쓰러질 수밖에 없다고 절규한다. 독립적인 자태로 꼿꼿이 서 있지만, 외롭고 약한 마음을 힘들게 숨기고 있다는 것을 아무도 몰라준다. 두꺼운 육질 속에 감추어져 있는 선인장의 진실은 그냥 지나쳐 버린다.

이제 곧 돌아가야 할 시간이다.

우르르 몰려다니던 떼거리 여자들 중의 한 여자가 다시 와서 선인장을 만지작거린다. 바로 얼마 전에 내동댕이치듯 버리고 간 그 여자다. 선인장은 고개를 돌린다.

자기를 알아주지 못하는 사람에게 팔려 가는 것은 참을 수 없다. 살보다 두꺼운 가시로 스스로를 찌른 적도 있었지만, 던지듯 버림받은 순간을 기억하는 것은 아프다. 가난한 자존심이다.

보이지 않는 마음 깊은 곳에는 아직도 꺼지지 않은 '화기火氣'를 간직하고 있다. 뜨겁게 흐르고 있는 피 속에 녹여내지 못한 말을 언젠가는 남이 읽어 주기를 기다린다. 대낮에는 너무 덥고 순식간에 추워지는 변덕스런 기후를 살아오면서, 쉽게 흔들리지 않는 고고함을 배웠다. 어렵게 지켜 온 자존심을 여자의 하잘것없는 행동으로 놓아 버리고 싶지 않다. 단지 남들처럼 입으로 불평하지 않고 기품 있는 자세로 기다릴 뿐이다. 자기의 보이지 않는 우아함과 독립투사 같은 의지와 흔히 구가할 수 없는 아름다움을 알아 줄 새로운 주인의 방문을 기다리고 있다.

팔려 나가지는 못하더라도 두리번거리지는 않겠다는 굳은 자존 의식으로.

다 가져가셨습니다

옛날 어느 산골 외딴집에 어머니와 오누이가 살았습니다. 어머니는 그날도 산 너머 잔칫집에 일을 하러 가셨습니다. "집 잘 보고 있으면 엄마가 돌아올 때 떡 많이 가져다줄게." 이런 말을 남기고 어머니는 서둘러 집을 나섰습니다. "안녕히 다녀오세요." 오누이의 인사를 들으며 어머니는 굽이굽이 고개를 넘어갑니다.

……신은 우리에게 세상에 태어나겠느냐고 물은 적도 없었고, 자기 앞에 펼쳐지는 인생에 대한 선택권도 주지 않았다. 단지 부모의 몸을 빌려 첫 호흡을 하면서 인생에 대한 몽매한 애착만 부여받았을 뿐이다.

어렸을 때 나는 엄마의 말씀에 순종하는 정말 착한 딸이었다. 나는 말 잘 듣고 공부 열심히 하면 시집도 잘 가고 순탄한 미래가 보장되리라 기대하며 살았다.……

저녁 무렵 일을 마친 어머니는 한 광주리 가득 떡을 머리에 이고, 부지런히 집으로 향하고 있었습니다.

첫 번째 고개를 올랐습니다. 그때였습니다. 집채만 한 호랑이 한 마리가 고갯마루에 떡 버티고 있는 게 아닙니까. 호랑이는 쩌렁쩌렁한 목소리로 협박을 했습니다.

"떡 하나만 주면 안 잡아먹지."

어머니는 어쩔 수 없이 호랑이에게 떡을 던져 주었습니다.

"옛다. 먹고 저리 가거라."

……누구라도 그러듯이 나는 남편과 아이들을 위해 전부를 쏟아부었다. 아이들은 무럭무럭 자랐고, 어느새 독립할 나이가 되었다. 남편은 사회적으로 기반을 잡을수록 점점 더 큰 원 주위를 그리며 밖으로만 돌았다. 마음을 맡겨 두고 온기를 받았던 내 둥지는 빈 껍질만 남았다. 그들에게로 향하던 나의 사랑은 목표를 잃었다. 외눈박이물고기처럼 주위를 살피지 않던 나의 정성과

사랑은, 그 형체를 제대로 확인할 사이도 없이 기화되어 사라져 버린 것이다. 결과물은 만져지지도 않았고 눈에 보이지도 않았다. 누구도 그런 종류의 준비는 할 수 없었을 것이다. 나를 너무나 피로하게 했던 것은 높은 곳에서 아래로 곤두박질치기를 되풀이하는 상실감이었다. 서핑 선수도 아니고, 감정의 파도타기는 나를 너무나 지치게 만들었다. 누가 내 것인 줄만 알았던 떡을 묻지도 않고 가져가 버렸기 때문이다.……

> 어머니는 호랑이를 뒤로하고 빠른 걸음으로 헐레벌떡 두 번째 고개를 향했습니다. 그런데 이게 웬일입니까. 호랑이는 더 빠른 걸음으로 고개를 넘어 어머니를 기다리고 있었습니다.
> "떡 하나만 주면 안 잡아먹지."
> 호랑이는 아까 어머니가 떡을 준 사실을 까맣게 잊어버린 듯 더 큰 소리로 으르렁거렸습니다.
> "옛다. 먹고 저리 가거라."

……젊음으로 눈부셨던 탱탱한 피부와 삼단 같던 검은 머리도 걸어 갔다. 나에게 던져진 것은 빛을 빼앗겨 그늘진 얼굴과 쪼그라져 버린 자존심뿐이었다. 우중충한 흰머리는 앞으로 다가오는

나머지의 삶이 비굴하고 힘이 없을 것임을 미리 예고해 주는 것이었다. 주름살의 후유증은 완만하고 길게 다가왔다. 자신감을 잃은 나는, 누구의 사랑이라도 순수하게 받아들이지 못하고 확인하는 버릇이 생겼다. 손사래 치며 그러지 말아 달라고 하는 나에게 신의 요구는 도를 넘었다. 살아오는 동안 남의 것을 탐내는 사람도 있었지만, 설마 동반자조차도 데려가 버리는 일이 나에게 생길 줄이야. 나의 허락은 없어도 좋았다.……

    어머니는 남매가 기다리는 집으로 세 번째 고개를 넘어가고 있었습니다. 호랑이는 어머니와의 약속을 전혀 무시하면서 고개를 넘어갈 때마다 조금씩 어머니의 생명을 조여 갑니다.
    "떡 하나만 주면 안 잡아먹지."
    그래도 어머니는 다른 길이 없습니다. 호랑이의 말을 믿을 수 없었지만 또 남은 떡 몇 덩이를 던져 줍니다.
    "옛다. 먹고 저리 가거라."

……이번에는 나의 여성성을 내놓으라고 강요했다. 몹시 당황스러웠다. 천하디천하고 거추장스럽게만 느끼던 달거리였다. 마지막 숨이 걷혀 가는 것을 지키기 위한 최후의 보루이기에, 슬펐

지만 던져 줄 수밖에 없었다. 사회의 요구는 내게 주변을 정리하며 조용한 삶을 살아야 하는 정물 같은 늙은이이기를 원했다. 잠자고 밥 먹는 시간을 뺀 '7만 시간의 공포'라고 부르는 시간 속으로 던져진 것이다. 이제부터 나는 손자 손녀의 사랑이나 고아원, 양로원의 보편적인 인류애를 논할 수밖에 없는, 범위가 정해진 사랑만이 허용된다는 것을 안다. 너무 넓고도, 나를 가두는 좁은 한계 속에 갇히게 되었다.……

어머니는 얼마 남지 않은 떡 광주리를 머리에 이었습니다. 더 잰걸음으로 아이들이 기다리는 집 가까이 오고 있었습니다. 눈곱만치의 염치도 없이 호랑이는 어머니의 뒷덜미를 또다시 덥석 잡았습니다.

"떡 하나 주면 안 잡아먹지."

이번에는 광주리째 던져 주고 걸음아 날 살리라며 필사적으로 내뺍니다. 하지만 가엾은 어머니는 끝내 호랑이 밥이 되고 말았습니다.

……이제는 더 줄 것도, 빼앗길 것도 없다. 더 이상의 포기를 요구하는 호랑이를 탓할 시간도 없다. 어머니는 먼 일이라고 느끼면서도 언젠가는 이런 일이 닥칠 수도 있다고 늘 생각해 왔다. 그렇지만 호랑이에게 이런 일을 당하는 것은 나 아닌 남이어야

하고, 그것이 이렇게 빨리 와서는 안 된다고 생각했다. 욕심 사나운 호랑이는 어머니에게서 받아먹은 떡은 개의치 않는다.

돌이켜보면, 닥쳐오는 상황이 어떤 존재에게는 고통이 되었고 어떤 존재에게는 즐거움이 되었다. 같은 상황이 어떤 존재에게는 죽음을 초래하고 어떤 존재에게는 삶을 보장하는 것이 우주의 원리인 것이다. 다만 그 결과를 조용히 받아들이는 것이 사람의 인생이다.

살면서 겪어 온 온갖 고통이 생각난다. 과거의 죽어버린 고통과 현재의 살고 있는 고통을 용광로에 넣었다. 고장난 물건, 잘 알지 못하는 물건, 공연히 붙들고 고생하던 물건들을 용광로에 털어 넣었다. 무쇠를 녹여서 이제는 금을 빼낼 수 있을 것 같았다. 용광로에서 모든 것을 재생산하려고 마음먹었는데…… 하지만 너무 늦었다.

　신은 용광로의 불을 꺼버렸습니다.
　'자, 이제 다 가져가셨습니다.'

낚시

황톳물 속에서는 고기들이 눈이 먼다.

어렸을 적 앞개울은 아이들의 놀이터였다. 우리는 그 개울을 큰개울이라고 불렀다. 큰물이 한번 지고 난 뒤 황톳물이 가라앉을 때쯤이면, 거센 여울물을 차고 오르는 물고기들로 개울물은 야단법석이었다.

그럴 때면 여울 초입 한옆 가장자리에 한 무더기의 풀을 쌓아 큼지막한 돌로 떠내려가지 않게 눌러 놓는다. 한참 물장구를 치며 놀다가 쌓아 놓은 풀더미께로 살금살금 다가간다. 그리곤 여러 명이서 물 밖으로 풀더미를 잽싸게 걷어 올린다. 풀더미를 이용한 재미난 고기잡이다. 풀더미를 헤쳐 보면 피라미랑 끄리랑 모래무지들이 튀어나오곤 했다.

아버지는 늘 물빛을 들여다보고는 됐다느니 아직 때가 이르다느니 하며 궁시렁거렸다. 흙탕물이 가라앉은 뒤 견지낚시를 다녀오시면, 눈에 띄지 않던 큰 물고기들을 쑥대에 한가득 꿰어 들고 들어오셨다. 그날 저녁은 조림에, 매운탕에 식구들도, 멍멍이도 다리가 휘어질 정도로 배가 불렀고, 모두 이른 잠을 재촉했다.

K의원의 장례식을 보고 오는 길이다. 인간들이 말하는 성공을 모두 거머쥐었다고 환호하는 순간, 천년을 살 것같이 당당하던 그는 의사의 사형선고를 받았다. 그의 죽음은, 세상의 어떤 목숨도 그것은 결국 혼자서 감당해야 하는 것임을 증명해 주는 듯했다. 어릴 적부터 우리는 올라가는 길만 배웠지 내려오는 길은 배우지 못했다. 포기할 때와 놓아 줄 때에 대해서는 알려고 하지 않는다.

우리가 아는 청년 시절의 그는 고난과 역경 속에서 자신을 일구어 온 지혜자의 모습이었다. 그가 농업학교 선생이 되어 있을 적에 남편이 친구라며 나에게 소개해 준 적이 있다. 거무튀튀한 얼굴이 심훈의 상록수처럼 풋풋하게 다가왔던 것으로 기억된다. 시 문화원장을 할 때만 해도 아직 낭만도 있고 여유로움도 지녔었다. 훗날 가지고 있던 땅값이 올라 부$_富$를 주체할 수 없이 되었고, 그 힘으로 밀어붙여 커다란 도시의 시장$_{市長}$도 되었다. '더 높이, 더 높이' 장대높이뛰기 선수처럼 뛰어오르더니, 국회의원이 되어 있을 때는 우리가 고개를 빼어도 거의 쳐다볼 수 없을 마천루처럼 높아져 있었다. 그를 좋아하게 만들었던 투박한 촌스러움과 순수함은 사라져 버려, 우리는 무엇을 잃어버린 사람처럼 모두들 서운해 했다. 흡사 남의 비단옷을 빌려 입은 촌사람처럼 낯설었고, 처음으로 무대에서 양반탈을 쓰고 근엄하고 권위에 찬 벼슬놀이를 하는 마당놀이패처럼 서툴러 보였다.

"환락이 극에 달했지만 슬픈 생각이 많도다. 이 땅의 인생은 허무하다." 한漢나라 무제가 많은 업적을 남길 수 있었던 것은 일찍이 권력의 무상을 깨달았기 때문인지도 모른다. 허무를 아는 자는 집착하지 않는다. 우리는 정승들의 웅장하던 비석들이 풍상의 세월을 지나 풀숲에 쓰러진 채 부식되어 가는 광경을 가끔 본다. 권력이란 칼은, 휘두르는 동안은 너무나 큰 희열을 안겨 주어, 어떤 것도 그 틈새에 존재할 수 없도록 만드는 것 같다. 돈과 권력의 힘은 무엇이든지 가능하다고 손짓해대고, 꿀처럼 끈적이며 우리의 깊숙한 곳에 자리잡는다. 사람들을 빠져들게 만드는 달콤한 맛으로 끝없이 유혹하고 통제한다. 나도 한 걸음, 너도 한 걸음 가까이 다가가, 함께 수레바퀴에 매달리며 뒤엉킨 채 회전

하는 것이 우리네 인생인 것 같다.

　루어 낚시를 처음 배웠던 건 고등학교 때 아버지를 따라나선 한 저수지에서였다. 물안개 피어오르는 호수, 밤하늘의 별, 날아다니는 물새 그 어느 것 하나도 도시에서는 만날 수 없는 소중하고 아름다운 것이었다. 바다에선 찌낚시, 민물에선 대낚시, 견지낚시 등 모든 장르의 낚시를 섭렵하고 계셨던 아버지.

　그런 아버지로부터 어느 날 배우게 된 루어낚시의 방법은 참으로 황당하기 그지없었다. 떡밥도 아니고 지렁이 같은 생미끼를 쓰는 것도 아니다. 별 희한하게 생긴 실리콘 조형물을 살아 있는 벌레처럼 만들어, 납봉들이 매달린 바늘에 끼워 넣어 던지고 감고, 던지고 감고를 반복한다. 물고기처럼 생긴 가짜미끼로, 작은 물고기를 잡아먹는 탐욕스런 고기들을 유혹하는 속임수이다. 달려드는 물고기의 대부분은 시각, 청각 등 여러 가지 감각기관이, 다른 초식성 물고기보다 발달되어 있었다. 녀석들의 행동이 제 꾀에 제가 넘어가는 경박한 인간들과 무엇이 다르랴.

　'이런 말도 안 되는……. 정말이지 저런 바보 같은 물고기가 있나.'
　하도 어이가 없어 실소를 했었던 기억이 난다.

　이내 얼마 지나지 않아 아버지의 낚싯대에는 '배스'라는 처음

보는 물고기도 걸려들었다. 그 신기함에 매료되어 바로 루어 낚싯대를 잡았던 기억이 난다.

망둥이는 식탐이 많다. 챔질로 입이 찢어져도, 몇 분 후에 다시 투둑투둑 미끼를 건드리며 입질을 해대는 미련스런 놈이다. 그러니 찌가 움직일 때 낚싯대를 살짝 들어올리기만 해도 손쉽게 낚이고 만다. 자제했으면 좋았을 '조금만 더'라는 욕망이 유혹의 낚시에 걸려들게 만드는 것이다. 부나비들이 불을 향하여 숙명적인 착시현상을 일으키듯, 그것이 죽음의 골인점인 것도 모르고 막무가내로 내달린다. 그 길이 나일론처럼 가짜이고 안개처럼 손에 잡히지 않는다는 것을 알아차렸을 때는 이미 고단한 삶의 놀이터에 어둠이 한꺼번에 내려앉고 난 뒤이다. 영원히 실현될 길 없는 허상의 불꽃을 향해, 부나비는 새파란 꿈의 날개를 달고 불 주위를 파닥거린다. 불꽃의 뜨거움을 느끼는 순간 웬걸, 놀이마당은 끝나 버리고 만다. 너도 나도 불을 찾아 뛰어드는 부나비가 되어 타 죽고 만다면, 그 얼마나 보여지는 인생은 가짜인가.

황톳물 속에서 고기들은 눈이 멀어 버린다. 우린 모두가 욕심으로 눈이 먼 바보스런 물고기들인지도 모르겠다.

신은 오늘도 무심히 우리 삶의 연못에 낚싯줄을 드리우고 있다.

예방주사

　첫사랑이 생각난다. 처음 입학한 초등학생처럼 낯설고 두근거리기만 했었다. 밤새워 시집을 뒤적이고, 예쁜 편지지에 정성들여 시를 써 내려가던 기억이 새롭다.

　너와 나 사이를 굳게 매어 놓고, 서로의 녹슬지 않는 쇠사슬이 되어 주겠다며 손을 맞잡고 각오를 다지던 우정도 있었다. 밤새워 시험공부하면서 서로 잠을 깨워 주고 격려하며, 뜨겁게 요동치던 가슴을 그것으로 달랬다.

　오직 한 사람만 바라보고, 그와 하루하루를 같이 지내는 것이 최상의 행복이라고 생각하는 기적이 나에게 일어나기도 했다. 여러 사람의 사랑의 합보다, 그 사람 혼자의 사랑이 더 커지는 특별한 계산법이 오히려 자연스럽게 받아들여졌다. 한순간도 떨어지기 싫어 일생을 같이하자고 영원한 약속도 했었다.

'우린 너무 어렸고 너무 성급했으며, 너무 사랑했어요.'

어느 영화에서 올리비아 핫세가 하던 말이 생각난다. 도서관과 집을 왕복하면서 잠깐 잠깐씩 울었던 기억이 떠오른다. 슬펐지만 슬퍼할 시간도 없었다. 오래 슬픔을 되씹을 마음의 여유도 없었다. 나에게 던져진 그 남자와의 이별이, 너무 자존심이 상해서 우는 시간까지도 낭비하고 싶지 않았다. 그래도 계속 눈물이 나오고 자존심은 한참 동안이나 눈물을 흘린 후에야 날 찾아왔다. 머잖아 나는 우뚝 서리라. 날 떠난 그 녀석이 두고두고 후회하도록. 정말 풋사랑이었다.

청년기에 들어서의 또 다른 이별은 아버지를 보내는 것이었다. 암으로 고생하시는 아버지를 살려 달라고 울면서 신에게 매달렸다. 날 사랑하심이 너무 지극해서 아버지가 없는 세상은 정말 생각할 수 없었다. 아침에 일어나면 꿈이 되어 있기를 간절히 기도했다. 내 생애에서 가장 진실하고 간절한 기도였다. 신은 끝내 그 기도를 저버렸다. 엎드려 절하는 나의 정성을 받아 주지 아니하고 냉담하게 거부해 버린 신을 더 이상 믿을 수가 없었다. 나의 신앙이 소원해진 것은 이때부터인 것 같다. 내 힘으로 할 수 없는 일은 더 이상 남에게 머리를 조아리지 않겠다고 다짐했다. 그게 비록 나를 창조한 신일지라도…….

'악마는 강한 자의 집에도 찾아가지만 약한 자의 집에는 두 번 찾아간다.'

누구에게나 죽음의 사신이 온다는 것보다 더 정확한 사실은 없다. 그리고 그 죽음이 언제 오는가 하는 것보다 더 부정확한 사실도 없다. 그래서 누구든지 준비하고 죽음을 받아들일 수는 없는 것 같다. 가장 소중한 것들을 번연히 내 눈앞에서 빼앗기면서 나는 아무런 저항도 못하고 받아들일 수밖에 없었다.

남편과의 이별은 생가지가 찢겨 나가듯 너무 아팠다. 가는 그 사람도, 남아 있는 나도 상처투성이로, 회복이 어려운 이별이었다. 보내고 싶지 않은 사랑이 몇 번이나 내 손을 놓아 버리고 떠났다. 사랑하는 사람이 내 손길이 닿지 못하는 곳에 있다는 사실이 나를 슬프게 한다. 그리고 이별은 그때마다 아팠다.

짧지 않은 인생을 살아왔다고 생각된다. 기억에 남아 있는 몇 차례의 만남과 이별이 오고갔다. 나에게 다가오는 사랑과 이별은 늘 다른 얼굴을 하고 있었다. 새로운 얼굴을 맞을 준비가 되어 있지 않아서 받아들이는 것도 보내는 것도 늘 남보다 미숙했다. 아직도 만남은 설레고 헤어짐은 늘 두렵다. 물론 내 인생 자체가 지금도 뒤뚱거리며 세련되지 못한 것을 보면 그리 놀랄 일도 아니지만…….

아예 그 병에 걸리지 않거나 걸리더라도 그 정도를 약화시키기 위해 맞는 것이 예방주사다. 요즈음 예방주사를 맞으러 오는 사람들을 종종 볼 수 있다. 감기는 여러 종류의 바이러스에 의해서 생기는 감염으로, 예방주사는 거의 의미가 없다. 독감 바이러스도 돌연변이를 잘 일으키기 때문에 미리 만들어 놓을 수도 없고, 유행할 독감 바이러스의 형태를 예측하여 생산하는 것으로 근거도 너무 미약하고 부정확하다.

이별의 경험이 많았다고 처음 가지는 사람보다 그 이별이 덜 아픈 것은 아닌 것 같다. 사랑에 빠지지 말아야겠다고 마음을 다지는 것도 영원히 사랑하겠다고 맹세하는 것도 뜻대로 되지 않는다. 사랑에는 예방주사도 없고, 그 예방주사로 예측할 수 없는 여러 형태의 사랑의 아픔에 면역을 기대할 수도 없다. 그저 홍역처럼 끙끙 앓아내고 그리고 부쩍 성장하는 것이 사랑이다.

누군가 말했다. 이별이 두려워 사랑하지 않는 사람은 죽음이 두려워 숨을 쉬지 않겠다는 사람과 같다고. 은은한 달빛이 구름에 잠기면 언젠가 다시 나타나기를 기대하듯이, 우리는 구름을 벗어난 새로운 달을 기다리며 산다. 나를 살아 있다고 느끼게 해 줄 새로운 사랑을 기대한다. 나를 들뜨게 하는 사랑이 이제 다시 인간이기 보다는, 기대한 만큼 자라지는 못하겠지만 종종걸음으로 쫓아가고 있는 수필문학에 대한 사랑이 되었으면 싶다.

황혼의 반란

조간신문을 펼친다. 건둥건둥 훑어 내려가노라니, 순간 기사 하나가 눈에 잡힌다. 중국 어느 지방에서 올해 51세의 칭하오 씨를 비롯한 다섯 가정이 화제가 되고 있다는 소식이다. 손수레를 개조하여 상하이를 출발해 베이징까지 가는 효도 관광에 나선 이들의 이야기다. 노인들은 그 손수레에 앉거나 누워서 편안하게 관광을 즐긴다고 했다. 쉬저우에서 온 마 씨 노인은

"자식이 손수레를 끌며 고층건물과 아름다운 자연경관을 보여 주니 너무 행복하다."며 눈물을 지었다는 것이다.

기사를 읽고 있노라니, 하루종일 소파에 앉아 내가 들어오기만을 기다리실 엄마가 생각났다. 나만 보면 밖으로 좀 데려가 달

라고 눈짓으로 말없는 신호를 보내곤 하셨기 때문이다. 나는 그 눈길을, 바쁘다는 이유로 모른 척 묵살해 버렸다. 쉽사리 마음을 열고 싶지 않았지만 거절의 뒤끝이 그리 편한 것만은 아니다. 노인의 끊임없는 애원에 마지막 남은 내 양심이 나를 가만두지 않았기 때문이다. 마지못해 같이 나가자고 말한다. 내 마음이 바뀌기 전에 엄마는 재빨리 옷을 바꿔 입는다. 어제저녁 귀찮다고 세수도 하지 않은 그 얼굴을, 오래되어 퇴색된 분첩으로 하얗게 두드린다. 두 볼은 발갛게 물들여 놓아 무대 위의 '분이' 분장이 생각난다.

"오십 세는 거의 인생이 끝난 거라고 생각했지.

그렇지만 오십 세를 넘어 봐.

육십 세는 정말 괜찮은 나이 같아.

칠십 세 정도 되어야 불쌍하지.

그러나 칠십 세가 되면 사람들은 조용히 희망하지.

팔십 세는 되어야지. 조물주의 뜻이니까.

그리고 팔십 세가 넘으면 나보다 더 나이 많은 사람의 수를 세지."

아무 때나 문을 벌컥 열고 들어온다. 북한에서 어떤 간부가 처형되었다고 엄마는 큰소리로 얘기해 준다. 이미 한 달 전에 일어났던 일을 새삼스레 알게 된 것이다. 내가 벌써 알고 있는 뉴스를 전해 주며 아는 척하는 노인은 결코 예쁘지가 않다. 엄마와 나는 하루종일 저능아들처럼 기초적이고 어이없는 질문을 주고받는다. 그다지 새롭지도 않은, 벌써 몇 번이나 되풀이되는 이야기를 들어 주는 일은 쉬운 일이 아니다. 구순의 나이에 아직도 영어 단어장을 담요 밑에 숨기고 있는 노인의 자존심은 별로 칭찬해 주고 싶지 않다. 노인정에 모여서 고스톱을 치거나 복지회관에서 가요를 배우며 박수치고 노는 할머니들을, 노인은 끔찍이 무시한다. 노인에게는 자기는 그들과 다르다는 우월감이 있다. 자신의 나이를 인정하지 않거나 거스르고 싶은 황혼의 반란이 있다. 하루도 거르지 않고 효소 칼슘 비타민을 꼬박꼬박 챙겨 드신다. 그렇지만 세월은 자기의 본분, 자기가 하고 있는 일에 너무나 정직하고 어떤 경우에도 양보하지 않는다. 그렇다고 탓할 생각은 없다. 본인에 대한 관리가 철저하다고 좋게 생각하기로 했다.

  삼 개월을 우리 집에서 지내신 엄마를 오늘 기차에 태워 보냈다. 그러고 나니 기분이 너무 홀가분하다. 들이쉬고 내쉬는 공기마저 가볍다. 자유로움을 생각하다가 멈칫 나 자신에게 놀란다. 다시는 널 찾지 않겠다고 엄마는 떠났는데, 내 다리는 수갑을 풀어버린 죄수처럼 얼마든지 멀리 뛸 수 있을 것 같다.

나의 기분과는 달리 엄마의 표정은, 살던 곳을 떠나 멀리 보내지는 고아처럼 쓸쓸해 보였다. 며느리 집으로 가기를 자청한 것은 당신 자신이다. 왜 이렇게 힘들게 하느냐고 사사건건 으르렁대는 딸보다는, 차라리 며느리 곁으로 가기로 작정하신 것 같다. 아들네 집으로 간다고 했을 때는, 네가 없어도 갈 곳이 있다는 것을 확실히 보여 주고 싶었을 것이다. 냉정한 딸에게 보란 듯이 고개를 돌리고도 싶었을 것이다. 떠나시는 순간의 엄마는, 그래도 이 딸년을 빼고는 일곱 형제가 모두 당신의 방패였던 것 같다.

그런데도 엄마의 표정은 그리 밝지 않았다. 소리를 질러대는 딸보다도, 앞으로 만나게 될 며느리의 무관심이 순간 더 두려워졌을지도 모른다.

가슴에서 연민의 덩어리가 뜨겁게 쏠려 내려간다. 이러지 않으려고 했는데……. 별안간 내가 착해지기라도 했단 말인가. 매사에 손이 가야만 하는 엄마를 혹을 떼어 내듯이 던져 버리고, 이

날이 오기만을 기다린 몹쓸 딸년이다. 잠시 홀가분했던 가슴은 '불쌍한 우리 엄마'라는 한마디가 목줄을 죄어 온다.

"너희 젊음이 너희 노력으로 얻은 상이 아니듯이 내 늙음도 내 잘못으로 받은 벌이 아니란다." 엄마의 속 깊은 곳에서 절절한 아우성이 들려오는 듯하다.

삶이 뜨거운 젊은 사람들 속에서, 노인으로 살고 싶은 사람은 아무도 없을 것이다. 자신이 알지 못하는 죄를 짓고 가장 무서운 벌을 받는 것처럼, 늙어 가는 것은 두렵다. 나무가 단풍이 드는 원리는 줄기가 잎사귀로 전달되는 공급원을 끊어 버리기 때문이라고 한다. 봄, 여름에는 왕성하게 공급되던 영양분이 가을이 되면서 갑자기 줄게 되면, 위기의식을 느낀 줄기는 잎사귀로 보내는 일을 차단해 버리는 것이다. 늙는다는 의미는 한마디로 고통과 외로움으로 요약될 수 있을 것 같다. 마음의 고통에 더하여 육신의 고통이, 늙어 가는 사람을 더 주눅들게 한다. 자식들은 짝을 찾아 품을 떠나고 주변의 사람들도 소식이 없으면 세상을 떠난 것이다. 일마저 손을 놓으면 그때부터 외부와의 접촉도 차단이 된다. 세월은 잔인하리만큼 정직하다. 늙었다는 것은 디지털에서 아날로그로의 회귀이다. 그래서 황혼에 대한 반란은 아무런 대책도 없는 서글픔 그 자체일 터이다.

늘 상승하기만 하는 인생이 어디 있을 것인가. 때가 되면 놓아 줄 것은 놓아 주지 않을 수 없다. 그 어떤 인생도 계획한 대로 흘러가지는 않는다. 그래도 우리는 앞날을 살아가야 하는 사람들이 아닌가.

내 앞에 펼쳐질 일들은 아직도 여유롭고 유쾌하다. 자신이 아직 감성적인 중년이라고 우기는 노인도 있다. 자식이 떠난 빈자리에서 상실감만 느낄 것이 아니라, 필연적으로 따라오는 자유를 느낄 수 있다. 매일 저녁 메뉴를 생각하며 밥상을 차릴 필요가 없다. 쌓인 옷을 세탁할 필요도 없다. 욕실이나 화장실이 비도록 기다리지 않아도 된다.

힘들었던 시간은 잃어버린 시간이 아니다. 두려움, 질병, 갈등의 시간을 보내면서 우리의 인생은 좀더 깊어진다. 쓰디쓴 경험이지만, 홀로 있음은 나 자신을 발견하게 되는 시간이다. 떠날 마음가짐을 필요로 하는 새로운 시작에서, 자유로운 공기를 느끼고 새로운 땅을 발견할 용기를 내게 한다.

잘 물든 단풍이 봄꽃보다 예쁠 수도 있지 않을까. 내 인생의 가장 화려한 시기라는 자부심으로 무장하고, 오늘도 하루를 시작하련다. 늙어 가는 것조차 그저 받아들이는 미덕이 아니고, 우리 자신의 선택이라고 그 의미를 다시 각색해 본다.

이것이 또한 진정한 '황혼의 반란'이 아닐까.

땅따먹기

 예쁘게 생긴 사금파리나 깨진 그릇 조각만 보면 어릴 적 생각이 난다. 주운 돌을 옷소매로 반짝반짝 윤이 나도록 닦는다. 평평한 땅에 커다란 사각형을 만들고 꼭짓점 부분에서 중심으로 한 뼘씩 뻗어 부채꼴을 그려 나간다. 그것이 자신의 처음 땅이 된다. 자기 땅에서 말을 튕겨, 뻗어 나온 거리만큼 땅을 확장해 나간다. 땅을 자꾸 넓혀 가는 사람이 있으면, 반대로 점령했던 영역이 점점 줄어드는 사람도 생긴다. 땅따먹기는 더 넓은 토지를 자신의 땅으로 소유하고자 하는 애착이, 인생놀이와 잘 맞아떨어지는 놀이이다.

 고개를 들면 어질어질한 것이 도무지 몸을 가누기가 힘들다.

얼마 전부터 몸의 균형을 잡기가 어려웠지만, 여름 병이겠지 여기며 애써 외면해 왔다. 일상으로 들이쉬고 내쉬는 숨결을 거둬 가는 그날까지, 되도록 아름답게 살고 싶었다. 때묻고 누더기 입은 걸인처럼 구차하고 초라한 인생은, 나의 것이 되어서는 안 된다고 생각했다. 빛나고 찬란할 수는 없어도 늘 이겨 내는 삶을 살고 싶었다.

며칠 전, 친구는 이유를 모르는 어지럼병 증세로 쓰러진 후 아직 병상에 누워 있다. 다른 친구는 '산타기'가 취미라며 절뚝거리는 내 앞에서, 높은 산을 안방처럼 누비고 다닌다며 기를 죽여 왔었다. 지금 그는 자기 집의 이층 계단을 한 발짝도 오르지 못하고 무기력하게 누워 있다. 폐의 섬유화가 진행 중이라고 했다.

인간이 태어나면 누구에게나 주어지는 것은 늙고 병들어 죽는 과정이라고 한다. 인정하고 싶지는 않지만, 아무것도 소리 높여 내 것이라고 주장하거나 떠들어 대서는 안 되는 일인 것 같다. 생生은 우리가 만들어 낼 수 있는 밥상 위의 요리가 아니다. 그저 저항 없이 받아들이는 일만이 수단이고 방법일 뿐이다.

젊은이의 삶을 온전한 자기의 집에 비유한다면, 노인의 삶은 누구에게인가 저당 잡혀 소유권이 넘어갈 집이라고 하리라. 젊은이의 삶이 향유하고 즐기는 것이라면, 노인의 삶은 단지 연명하고 이어가는 것에 불과하다. 젊어서의 삶이 취득해서 소유하는 일이라면, 늙어서의 삶은 주어진 순서대로 빼앗기는 일이 아닐까. 수명만 길어지고 있는 현실이, 독을 숨기고 있는 빛깔 좋은 과일처럼 느껴진다.

우습게도 죽고 싶다는 말을 늘 입에 달고 살아왔다. 자기에게 남겨진 시간이 짧다고 생각되는 순간부터 생은 더 애착을 갖고 다가오는가 보다. 즐거울 때 내 머리는 영원을 생각하며 꿈을 꾸었고, 힘들 때 내 입은 죽음을 얘기하며 위로받았다. 내 입과 머리는 매우 이중적이어서, 가까운 주위와의 관계를 어지럽혔던 것 같다.

어디로 가 볼까. 무작정 거리로 나왔다. 노인의 여행에는 목적도, 사건도 있을 수 없다. 눈을 들어 앞을 본다. 위용을 자랑하며 하늘 높은 줄 모르고 솟아 있는 첩첩한 빌딩들이, 눈을 부릅뜨고 나를 위협하는 것 같다. 일렬로 서서 다가오는 택시와 버스들이 나를 향해 창과 칼을 들고 덤벼드는 적군으로 보인다. 날로 새로워지는 문명의 이기에, 뒤처지고 하릴없이 챙겨 주어야 할 무능한 존재라는 것을 학습시키고 있다. 결국 '너는 고독하고 병이 깊어 요양병원에서 죽어 갈 무능한 존재'라는 것을 뚜렷이 부각시켜 준다. 노인은 현장에서 제대로 나서지도 못하고 늘 뒤에서 쭈뼛거리기 일쑤였다. 점점 갈수록 세상이, 힘들고 어려워져서 늙은이에게는 주어진 현실이 너무 낯설고 냉정하다. 그래서 노인들은 퇴적 공간처럼 쓸쓸한 모습으로 사회의 중심부에서 밀려나는가 보다. 젊음이 하나의 신앙처럼 숭배를 받는 시대에서, 노화는 거의 외딴 지역의 삼각지이다. 젊음이라는 연료를 태우며 경제적 부가가치를 창출하고 사회를 일구었던 것이 바로 우리 자신들이 아니던가. 자신이 이루어 놓은 세상에 아무런 기여도 할 수 없는 상황, 노인은 육체적인 늙음보다 사회적인 늙음으로 먼저 일터에서 격리된다.

"자, 네 땅이 요것밖에 안 남았는데 아직도 버틸래?"

땅따먹기 판을 보며 이래도 포기하지 않겠느냐고 사뭇 윽박지른다. 한 뼘 한 뼘 이리 빼앗기고 저리 내어주고……. 나에게 남겨진 땅, 내가 소유한 영역은 별로 없는데 그마저도 빼앗으려 달려든다. 건강도 내어 주고, 젊음도 지식도 다 반납해야 한다. 사랑하는 사람도, 귀중하다고 생각하고 끌어안았던 것들도, 모두 내 것이어서는 끝맺음을 할 수 없다. 길고 삭막한 현대인의 사막이 황혼 앞에 놓여진다. 모든 것을 빼앗긴 빈손으로 항복 문서를 던진다. 소중히 들고 있던 사금파리를 던지며 땅따먹기 무대에서의 퇴장을 고한다.

〈콩트〉
사랑방 사람들

 우리 털보 아저씨는 이곳을 '지상낙원'이라고 부른다. 다른 멤버들도 이런 명칭에 전혀 이의를 제기하지 않는다. 모두들 만족하는 눈치다. 그래서인지는 몰라도 안방 식구들은 사랑방에 대하여 몹시 흥미로운 눈으로 바라본다.
 말이 사랑방이지, 남의 집처럼 반듯하지도 않고 시원스럽게 크지도 않다. 칸 반짜리 방에 바늘구멍처럼 빠끔히 뚫려 있는 창문에서는, 겨울날 아침이래야 겨우 손바닥만한 햇살이 낼름거리다 마는 음침한 곳이다. 이 어두컴컴한 방을 '지상낙원'이라고 하는 이유를, 나를 포함한 안방 식구들은 모두 궁금해 한다. 허지만 우리 털보 아저씨는 으레 이렇게 말하곤 한다.

"살아 봐야 알지."

 사랑방은 단순히 바깥주인인 남자가 기거하는 곳이었다. 지금은 사랑방의 쇠퇴로 길 가는 길손이나 종갓집을 찾는 일가, 손님들이 묵어가는 방의 의미만 남아 있지만……
 사랑방의 쓰임은 신을 모셔 두고 집안 가족들의 안녕과 평안을 기원하고, 외부로부터 나쁜 악귀의 침범과 범접을 막아 주던 전초前哨 역할을 담당하던 곳이었다. 그나마 현대화로 인하여 길손이 유숙하던 사랑방 자체가 사라져 가는 실정이니, 혹시 시골 종갓집 정도에나 남아 있지 않을까 싶다.
 원래 이 집이 종갓집이기도 하지만, 주인 양반이 워낙 호인이라서 받은 유산으로 자기 집 몇 촌 이내의 친척들의 자제들을 모두 걷어다가 대학까지 길러 냈다. 그런데 한결같이 거쳐 나가는 곳이 바로 이 사랑방이었다. 그래서 지금까지 스물댓 명의 학생들이 이 방에서 길러졌고, 그들은 웬일인지 한 목소리로 이 사랑방을 '지상낙원'이라고 부르곤 한다. 그 뱁새 눈 만한 창문과 조그마한 장지문엔, 한 십여 년 전쯤에 한번 도배했을 법한 누런 문종이가 붙여져 있다. 그도 가만두지 못하고 발기발기 찢어 놓아서, 겨울 추운 날까지도 공기통 구실을 하지 않으면 안 되게 생겼다. 몇 군데는 제법 꽃무늬 모양으로 오려 붙인 곳도 있지만, 정말 커다란 구멍은 회푸대 종이로 누덕누덕 기운 것이, 아마 어느 미술가가 보면 '모자이크'라도 한 것인 줄로 오해할까 봐 두렵다.

그런데다 먼길을 오가는 고향의 길손들조차도 해가 저물면 스스럼없이 이 집을 찾아 당연하게 며칠씩 묵어 가는 일이 다반사였다. 주머니 사정이 넉넉지 않거나 다른 집에서 혹 거절을 당한 일가친척은 물론, 조금이라도 안면이 있는 사람에게는 사랑방을 선뜻 내어준다. 노독을 풀라는 의미로 주인과 겸상을 하여 없는 찬이라도 차려낸다. 물론 칭송이 자자했지만, 적선을 많이 하고 정성으로 음식을 대접했던 우리 어머니는 늘 신경통을 몸에 달고 사셨다.

사랑방 문을 열고 들어서는 사람이면 누구나 빨려들 것 같은 홀아비 냄새에 들어가려던 발을 멈추지 않을 수 없다. 심할 땐 바로 옆에 붙어 있는 변소에서까지 냄새가 침입해서, 도저히 루트식으로도 풀 수 없는 복잡한 양상을 드러낸다. 매캐한 담배 냄새, 퀴퀴한 이불 냄새, 약간 짜릿한 것 같은 암모니아 냄새······.

코끝이 알알(?)한 그 향내는 감히 맡아 보지 않고는 표현이 불가능하다. 유명 메이커의 향수가 도저히 따라잡을 수 없는 그 무엇이 있는 것이다. 그래도 자기네들은 무어라더라. 홀아비 향수는 돈 주고도 못 산다고? 정말 어처구니가 없어 죽을 지경이다.

이 방은 한구석에 스물다섯 명이 한결같이 쓰다 물려준 조그마한 앉은뱅이 책상이 하나 있고, 옆의 말코지엔 수북이 걸려 있는 옷들이 때만 오길 기다리고 있다. 이 옷들엔 자그마치 한 치 이상의 먼지가 쌓여 있는데, 그것을 털 솔도 없거니와 털어 낼 엄두도 내지 않는 게 한심하지 않을 수 없다. 어두컴컴한 방엔 으레 오는 현상이라고 털보 아저씨는 언제나 변명하지만, 사시사철 이불이 개켜 있는 모습을 볼 수가 없다. 머릿기름과 땀으로 찌들은 이불들은 뒹굴어 다니고 사랑방 양반네들은 틈만 있으면, 낮이건 밤이건 이불을 말고 다니면서 잠을 청한다. 그러기 때문에 이 방엔 시계도 물론 필요 없거니와 때때로 밥상이 거르는 수도 허다하다.

이 사랑방의 구성원들은 사랑방 못지않게 유니크하다. 구성원들의 이름을 그들이 불러대는 대로 소개해 보면 털보아저씨에다, 따발총, 샛님, 땜통 그리고 핏대.

전혀 어울릴 수 없을 것 같은 조합인데, 그들은 끈끈하고 찐하다. 마음은 급하고 말은 뜻대로 움직여 주지 않아 '따다다다'하다 만다고 따발총, 작은 일에도 필요없이 열을 올리는 핏대, 여자 얼굴만 봐도 얼굴이 붉어지는 샛님, 박치기를 잘한다고 땡통.

여기서 주의할 점은 이들 모두가 한결같이 음치라는 점이다. 이렇게 항상 식구가 들끓는 집에 무슨 특별한 반찬을 만들어 낼 수 있겠는가. 적은 돈으로 가장 많은 양을 확보할 수 있는 콩나물밖에 더 있겠는가. 사시사철 콩나물만 드시면서도 음계 '도' 자리 하나 제대로 잡지 못하는 위인들이다. 왜 이런 이야기를 굳이 꺼내느냐 하면, 이 양반들이 목욕탕이나 변소에 자리잡았다 하면, 남이야 괴롭든 말든 목적한 곡은 꼭 끝내고 나오기 때문이다. 곡명도 도니제티의 남몰래 흐르는 눈물, 롯시니의 세빌리아의 이발사 등, 버거운 곡만 부른다. 소화도 못 시키면서 말이다. 그 중 핏대는 요즘 찌그러진 트럼펫을 구입해서 '라콤파르시타'의 전주곡을 연습하는 중이다.

그런데 짠순이 주인마님의 생각을 확 바꾸어 놓을 만한 획기적인 사건이 벌어진다. 늘 우리 집 재산을 축내는 기생충쯤으로 생각하고, 고운 눈길 한번 사랑방 식구들에게 준 적이 없었다. 자기 애들도 일곱이나 되는데 해마다 친척 떨거지들을 하나, 둘씩 보태 주는 남편이 너무 밉지만, 문중에서 모두 하늘처럼 떠받드는 남편을 여자 혼자 힘으로 어찌할 것인가. 늙어서 남자, 여자의 권좌가 뒤바뀌기 만을 고대하며 칼을 갈 수밖에.

그런데 주인마님이 계시는 안방에서 불이 났다. 전기 과열로 인한 화재였다.

절대 우연이 아니다. 이집 주인 양반의 취미는 전기를 이용하여 곳곳에 여러 가지 장치를 하는 것이다. 예를 들면 몇 시만 되면 자동으로 소등이 된다든가, 각 방마다 일정한 시간에 아침잠을 깨울 수 있는 초인종 달기 등, 중앙집중식으로 되어 모든 콘트롤타워가 안방에 있다. 작은 전선에서 시작한 불은 삽시간에 값싼 도배지로 치덕치덕 붙여 놓은 벽을 모두 태우고, 다음다음 방으로 넘어가고 있었다.

언제 정렬해 있었는가. 누가 시킬 사이도 없이 두꺼비 집을 내리고 부엌의 옥순이가 퍼 주는 양동이 물을 털보, 따발총, 샛님, 땜통, 핏대 순으로 넘겨받고 패스하고 들어붓고⋯ 흡사 몇 번씩 소방 훈련을 치렀던 사람들마냥 일사불란하게 움직였다. 얼마

되지 않아 불은 그 세력을 더 확장하지 못하고 그만 자지러졌다. 눈부신 활약에 주인마님도 놀랐지만 정작 더 놀란 것은 그들 자신이었다. 훗날 두고두고 써먹을 무용담이 탄생하는 순간이었을 테니까.

다음날 아침 일 년 내내 변하지 않고 올라오던 고정 메뉴인 콩나물을 물리치고 돼지고기가 올라온 것은 절대 놀라운 일이 아니다. 주인마님도 부엌의 옥순이도, 사랑방을 향한 눈길이 한결 부드러워진 것은 두말 할 필요도 없다. 아침마다 싸 주던 도시락에 계란 후라이가 하나씩 더 덮여 있었고, 늘 꼭꼭 막아 놓던 연탄아궁이도 활짝 열어 주었다.

정말 쥐구멍에도 볕이 들었다. 그날 사랑방 창문에는 밝은 햇살이 가득 차올랐다.

대화서각의 쉬파리

대화서각은 몹시 고약한 향기를 지닌 꽃이다. 차라리 존재하지 않았으면 좋았을 것을, 그 향기가 엄청나게 독하여 사람들의 사랑을 받지 못하는 숙명을 안고 태어났다.

건조하고 뜨거운 사막, 척박하여 다른 식물이 살기 어려운 곳이 대화서각의 자생지이다. 화관의 생김새가 매우 단순하고, 줄기 하부에서 어두운 자주색의 꽃이 두세 송이 피어난다. 고약한 냄새가 파리들을 유인하여 그로 인해 화수분의 매개체가 된다. 별 모양의 거대한 크기로 눈길을 끌지만, 그 독특한 향기 때문에 가까이 두고 애지중지할 만한 꽃은 못 된다.

나는 대화서각을 키우면서 이 꽃의 운명이 꼭 나를 닮았다고 생각했다. 대화서각은 사람들의 사랑과는 거리가 멀다. 사랑을 받지 못하는 곳은 그곳이 어디이건 건조한 사막이 되고 척박한 땅이 된다.

무슨 향기가 있었기에 대화서각과 같은 나에게 남편이 다가왔는지 모르겠다. 회색 양복에 검정 줄무늬의 드레스 셔츠를 입고 가슴 부분에 플리츠, 턱, 러플 장식을 하고 있었던 것이, 지금 생각하면 쉬파리를 떠올려 웃음 짓게 한다. 자신감에서 흘러나오는 남자다움과 살짝 부끄러워하는 것 같은 귀여움, 한 발 앞서서 보호하고 배려해 주는 자상함도 갖추었다.

두더지는 땅 속으로 굴을 파는 동물이다. 동글하고 짧은 체형도 비슷하지만, 둔하고 약한 시력으로 땅만 파는 미련함이 나와 흡사하다. 굴을 만드는 데만 집중하는 두더지는 작은 굴을 이루어 내고 자기 능력보다 더 많은 양의 보상을 받는 데는 성공했는지 모른다.

내가 굴속에서 나와 약한 시력으로 평가했던 남편의 모습은 항상 정중했다. 이런 사람이라면 언제든지 세상을 헤쳐 나가는 지혜를 나에게 마련해 줄 수 있는 사람이라고 생각되었다. 대화서각의 이파리가 없는 깔끔함, 줄기에 커다란 꽃을 피우는 단순함과 어리석음이, 겹눈 혹은 홑눈인 곤충을 화심으로 끌어들일 수 있었다면 설명이 되겠는가.

날 그다지 아끼지도 않았던 남편을 맹목적으로 섬기면서 한평생을 보냈다. 잠시라도 내 시간을 갖는 것, 내 입이나 내 몸을 호사시키는 시간을 갖거나 그런 류의 생각을 하는 것조차 죄스럽게 생각했었다. 자식에 대한 사랑도 이제 와서 보면 너무 무조건적이었고, 나 자신의 인생을 되찾아오는 시간을 잠시 역주행하게 만든 것 같다. 자식을 보호하고 지키게 만들어 종족을 보존하게 만드는 뜨거운 사막의 대화서각처럼, 원초적인 일에서 한 걸음도 도망치지 못하게 만드는 신의 계획에 말려든 것 같아서이다.

뒤돌아보면 나는 전후좌우를 전혀 보지 못하는 퇴화된 눈을 가진 장애인이었다. 두더지를 닮아 시력이 약하고 매사에 둔했었기에, 내가 파 놓은 굴속에서 은둔하며 그 터널 속에서 만족했다. 내가 약한 시력으로 오로지 굴만 파고 있을 때, 친구들은 자신만의 아름다움과 상큼한 향기를 키워서 남보다 더 큰 고기를 낚으려고 낚시질에 열중하고 있었다. 나를 뒤로 제치고 몇 걸음 앞서서 가기도 하고 날개를 달고 훨훨 날기도 했다.

그들보다 더 좋은 남자친구를 얻고 더 행복한 결혼을 이루어

낼 수 있는 길은 오로지 굴을 열심히 파는 길밖에 없다고 믿었던 나에게 친구들의 화려한 청첩장이 날아들었다. 꽤 괜찮다고 마음속으로 눈여겨보았던 남자친구들에게서 더 이상 만날 수 없다는 변명의 편지가 날아들어도, 나는 사건의 위중함을 알아차리지 못했다. 사막과 척박한 토지는 남이 주는 것이 아니고 자기 자신이 만들어 내는 것이었다. 자신의 좋은 향기를 이용할 줄 아는 다른 친구들은, 지하에 있는 나를 딛고 이미 지상의 더 높은 목적지에 도달해 있었다. 내가 하고 있는 노력이 지상에서 벌어지는 성공과 아무런 연결고리가 없다는 것과, 지상에서의 나의 존재는 사람들이 모두 피하고 싶어 하는 향의 소유자라는 것을 오랜 세월이 지난 후에야 깨닫게 되었다.

남편을 잃고 혼자 된 나에게, 친구나 지인들은 가끔씩 안부를 물어 왔다. 특별한 위로의 말은 하지 않았지만 뒤에서 내가 받은 정리된 느낌은 위로였다. 그들이 한 번씩 내가 살고 있는 지역을 들를 때는 잠시나마 만나서 조촐한 식사 자리라도 같이하려고 애썼다. 어떤 때는 내가 정말 아름다운 꽃이 되어 있는 것 같은 착시가 생기기도 했다. 가슴에 따뜻한 온기를 불어넣어 주어, 삶을 대하는 나의 기분을 무겁고 어두운 곳에서 밝고 가벼운 곳으로 돌려놓기도 하였다.

사람이 사랑 없이 살아가기는 정말 어렵다는 생각이 든다. 썩은 생선 냄새 나는 꽃이 누구를 가까이 끌어들일 수 있을 것인가. 사랑을 받지 못하는 암컷은 더욱 가여운 것 같다. 처음부터 고약한 향기를 가지고 태어나고 싶은 꽃이 이 세상에 어디 있을까. 아무리 하찮은 존재라도 자신의 자태가 향기로워서 남들에게 사랑받고 싶지 않은 꽃은 없으리라. 아무도 다가오지 않는 외로움이 쌓이다 보면 그 외로움이 오기로 변하고 만다. 고기가 썩는 듯한 역한 냄새는 아마도 오기가 쌓여서 그나마 가지고 있던 옅은 향기를 치명적인 냄새로 변질시키는 필사적인 저항의 결과물이 아니었을까.

꽃들은 제각각 다른 향기와 모양을 지니고 살아간다. 생물학자의 연구에 의하면, 꽃들은 자신의 생존을 위해 가시광선을 발산하거나 색이나 향기를 화심에 집중시킨다.

아무 생각 없이 생선 썩는 냄새를 향해 달려드는 쉬파리가, 대화서각의 화수분의 매개자가 되고, 더럽고 하찮은 파리가 어느 꽃의 생명을 이어가고 존속시키는, 대자연의 이치가 흥미롭다. 어려운 환경에서도 생명을 유지하고 자손을 번식시키는 대화서각의 삶에서 자연을 운용하는 하늘의 공평함을 읽는다.

   내일은 캄캄한 굴속에서 빠져나와 눈부신 태양을 향해 고개를 쳐들어 봐야겠다. 그러면 나라는 대화서각에도 번지수 잃은 쉬파리가 날아들려나.

긴 여행, 짧은 착각

또 비명소리다. 약국과 장례식장이 벽 하나를 사이에 두고 있어서일까, 피맺히는 울음소리가 심장을 파고든다. 죽음이 수시로 들고나는 장례식장 옆 병원에 근무하면서 이따금씩 경험하는 일이지만, 오늘은 세찬 빗줄기 사이를 뚫고 들려오는 소리가 더 절절하다. 가슴속 깊은 곳에서 터져 나오는 울부짖음은 울음소리라고 말하기에는 너무나 핏빛으로 젖어 있다.

또 누가 죽어 나가나 보다. 복도에 엎드려 땅을 치는 한 남자의 비명 소리와, 이미 숨이 끊어진 아들을 흔들어 보며 아들의 죽음을 인정하지 않으려는 아이 어머니의 헛손질이 가없이 막막하다. 누가 선뜻 죽음을 저항 없이 맞이할 수 있을까……. 내 것이 아니라고, 내 것이 되어서는 안 된다고 소리치며 돌려보내고 싶지 않은 사람이 어디 있으랴.

순간 고압전류 같은 뜨거운 전율이 내 몸을 흘러 내려간다. 같은 범죄자만이 공유할 수 있는 유사한 경험처럼, 감정의 차입이 몹시 낯익고 익숙하다. 그날 나도 그랬다. 저 남자나 어머니처럼 아버지의 죽음을 받아들이기가 너무 무섭고 어려웠다.

아버지의 사고 소식을 전해들은 것은 운명하신 지 서너 시간이나 지난 뒤였다.

벌써 사체를 수습해서인지 교통사고로 인한 고통스런 흔적과 사건의 처절함을 증명해 줄 핏자국은 전혀 남아 있지 않았다. 창백한 이마와 아직도 꼿꼿하게 서 있는 검은 머리칼 사이로 물감이 흘러내린 듯, 한 줄기 핏자국만 그림처럼 선명했다. 적혈구가 가라앉아 백짓장이 된 하얀 피부와 우뚝 솟은 코가 평소보다도 더 날카로워 보여서, 살아 있을 때 당신께서 보여 줬던 찬란한 카리스마를 여전히 간직하고 계셨다.

가까이 다가가 손을 만져 보았다. 처음에는 뼛속까지 스며드는 냉기를 감촉하고 흠칫 놀랐다. 그래도 혹시나 아무 일도 없었던 것처럼 부스스 깨어나실 것만 같아 정물이 되어버린 아버지를 흔들어 보았다. 만져 보고 흔들어 보았지만 끝끝내 말이 없으시다.

눈물을 보인다는 것은 아버지를 잃는 일에 대한 감정의 사치이다. 울음은 여유로운 사람의 기나긴 노래이다. 가슴속 깊은 곳에서부터 밀려오는 슬픔은 차곡차곡 내 숨을 닫아 버리더니 짧은 순간 나를 질식시키며 덮쳐 버렸다. 눈앞이 흐려 오고 나를 지탱해 주던 질긴 정신력은 잠시 자리를 비운 듯했다.

채 식지도 않은 아버지의 몸이 냉동실로 옮겨졌다. 내 몸에 다리가 달려 있는지 없는지도 모를 정도로 힘이 풀리고, 온몸에는 무섭고 차가운 아버지의 영혼이 들어와 날 꼼짝 못하게 붙잡고 정지시켜 버리는 것 같았다. 모든 동작을 거부당한 채 내 몸은 처음부터 움직임 자체를 모르는 물체처럼, 안으로도 밖으로도 옴짝할 수 없었다. 손가락 하나 움직일 수 없는 부동의 자세로 하루낮을 보냈다. 잠도 잘 수 없고 음식도 물도 전혀 넘길 수가 없었다. 머릿속이 정적처럼 텅 빈 채 밤을 맞는다. 내가 당하고 있는 이 사실이 꿈인지 현실인지 전혀 분간이 안 된 채.

자정이 되니 슬프다고 통곡하던 사람들도 하나 둘 지쳐 자리를 뜨기 시작한다. 더러는 먹어야 견딘다는 옆 사람들의 권고에 못이기는 척, 육개장 그릇에 숟가락을 담그는 사람도 있다. 눈이 붓도록 울던 망인의 친구들 친척들도 제풀에 소리가 잦아들고 누울 자리를 찾아 나선다. 역할은 끝난 것 같다. 결국엔 죽음이 그 사람들 자신의 일인지, 그가 겪지 않아도 좋은 남의 일인지 수 시간 만에 분리되고 나누어진다. 어떤 슬픔도 죽음도 내 일이 아니면 남의 일인 것을……. 금세 인간 본연의 실리적인 자세로 돌아가고 만다.

왜 이렇게 두려울까. 이 무서움의 실체는 무엇일까. 내가 그토록 사랑했던 아버지가 돌아올 수 없는 먼 곳으로 가버리셨다는 사실 때문일까. 아버지의 보호 없는 세상에, 나 혼자 남겨져 있다는 사실을 받아들이기가 어려워서일까. 단지 그 이유만으로 무서운 것은 아니었던 것 같다. 인간들의 빠른 계산, 수 시간 만에 드러내는 얄팍한 인간성을 보았기 때문이리라. 더이상 다가가지도 그 곁에 머무르지도 못하는 관계가 설정되어 가기 때문이리라.

이렇게 말 한마디 못하고 미련조차 남겨 둘 사이 없이 냉정하게 가버리면 당신의 자리를 메우고 빈자리를 서서히 채워가는 것은 남아 있는 사람들의 몫이란 말인가. 언제나 당신 멋대로인 것은 살아 있을 때나 돌아가실 때나 똑같은 모습이다.

영화배우처럼 사들였던 옷가지들과 아버지가 그렇게 아끼던 골프채도 그리고 끔찍이도 아끼던 당신의 세 아들조차도 그대로 놓아 둔 채, 심지어 동전 하나도 챙기지 못하고 황망히 가버리셨다. 국제적으로 명성을 얻어 표창장도 받고 TV에 자신의 모습을 드러내며 자랑스러워하던 때도 있었다. 자손들에게 부와 명예를 안겨 주려고 세상과 타협하며 부끄러워하던 때도 있었다.

하지만 이젠 아버지의 손에는 아무것도 없다. 존재하지 않는다는 것이 바로 사라진다는 것이다. 아버지도 없고 그가 소유하려고 애썼던 모든 것들이 별안간 신기루처럼 자취를 감춘다. 그분이 그렇게 노력해서 손에 쥐었다고 기뻐하고 자랑스러워했던 것도 그분만의 짧은 착각이었나. 자연에서 왔으므로, 아무런 공해 없이 벌거벗은 채 자연으로 돌아가는 것으로 끝을 맺는다.

사람은 으레 죽어가는 것이다. 넘어지고 쓰러졌다 다시 일어나고, 울다가 웃다가 슬퍼하기를 반복하시던 아버지는 방금 긴 여행을 마치고 돌아섰다. 어차피 예정되어 있었고 마련된 순서대로 냉정하게 진행되어가는 것일 따름이다. 방금 차디찬 흙속에, 아버지도 우리도, 전혀 가보지 못한 생소한 그 곳에, 아버지를 눕혀 놓고 돌아서 왔다. 방에 들어서자 안락의자에 앉은 아버지의 앞모습도, 컴퓨터 자판을 두드리고 계시던 아버지의 뒷모습도 보인다. 육신을 떨쳐 버릴 줄 모르는 영혼은 우리들 주위를 떠나지 못하고 맴돌고 있었다.

한마디 말도 못하고 떠난 외로운 영혼의 착着이다.

몇 천 번의 윤회를 통해 우리는 서로 그리운 사람끼리 만나질 수 있을까. 갑자기 집에 들어오는 벌레 한 마리, 새소리 하나도 놓치지 못할 정도로 나를 둘러싼 모든 것이 소중해진다.

빗줄기 사이로 들려오던 여인의 비명 소리가 어느 정도 가늘어지고 이젠 흐느끼는 소리만 간간히 들려온다. 흐느끼는 울음소리 사이로 수壽를 다하지 못하고 떠나야만 하는 영혼들의 무리가 보인다. 끊어질 듯 흐느끼는 여인의 울음소리와 함께 죽음이라는 커다란 '영원' 속으로 함께 빨려 들어가는 나를 느낀다.

긴 여행이었나, 짧은 착각이었나.

그루수필선 001~040

001 김진태 『침묵의 향기』
002 정재호 『도시에 나온 촌닭』
003 이원성 『뜻을 잃은 언어들』
004 여영택 『시아재비』
005 장인문 『내 마음의 고향』
006 유병석 『구름개울의 무지개』
007 이재호 『갈잎의 노래』
008 박노익 『액운아 물렀거라』
009 최정석 『明鏡止水錄』
010 김규련 『종교보다 거룩하고 예술보다 아름다운』
011 김녹촌 『토함산 노랑제비꽃』
012 윤길수 『전등사의 여인』
013 임도순 『풀각시와 꼭두놀이』
014 김두희 『사랑의 이정표』
015 정혜옥 『우체국 앞을 지나며』
016 정재호 『한 꺼풀 벗기고 본 세상』
017 김규련 『소목의 횡설수설』
018 이복자 『엄마의 땅 아내의 땅』
019 김규련 『높고 낮은 목소리』
020 이주희 『쇠똥구리는 쇠똥구리로 살고』
021 공진영 『청진아재와 인절미』
022 정혜옥 『돌미나리를 찾아서』
023 이수복 『별빛 따라 꿈길 찾아』
024 김재식 『사랑과 낭만과 자유』
025 곽흥렬 『빼빼장구의 자기 위안』
026 제행명 『눈물이 웃음꽃 되어』
027 정재호 『그대에게 드리는 선물』
028 최해남 『굴뚝새가 그리운 것은』
029 허창옥 『길』
030 이재호 『석 장의 지폐』
031 이동민 『감각의 제국, 그 벽 속에서』
032 김규련 『귀로의 사색』
033 신재기 『침묵의 소리를 듣는다』
034 허정자 『작가의 방』
035 이정웅 『나무들이 들려주는 푸른 대구이야기』
036 전상준 『행복한 삶 아름다운 삶』
037 견일영 『아름다운 영혼』
038 김성복 『청산별곡』
039 김형규 『빨간 석류알』
040 박주병 『겁탈』